농선 대원 선사 역저

원각경

교조 석가모니 부처님

환화라고 하는 것 근본 없어 생긴 적도 없어서	幻化無因亦無生
모두가 스스로 이러-해서 본다 함도 이러-하네	皆則自然見如是
모든 법도 스스로 화한 남, 아닌 것이 없어서	諸法無非自化生
환화라 하지만 남이 없어 두려워할 것도 없네	幻化無生無所畏

근현대 전법 선맥(傳法禪脈)

제75조　경허 성우 전법선사

전법게

하늘의 뜬구름이 누설한 그 도리를
오늘날 선자에게 부촉하여 주노니
철저하게 보림하여 모범을 보임으로
후세에 끊어짐이 없게 할 맘, 지니게나

浮雲漏泄其道理
今日咐囑與禪子
保任徹底示模範
後世無斷爲持心

제76조　만공 월면 전법선사

전법게

구름과 달,산과 계곡이라,곳곳에서 같음이여
선가의 나의 제자 수산의 큰 가풍일세
은근히 무문인을 그대에게 분부하니
이 기틀의 방편이 활안 중에 있노라

雲月溪山處處同
叟山禪子大家風
慇懃分付無文印
一段機權活眼中

제77조　전강 영신 전법선사

전법게

불조도 전한 바 없어서
나 또한 얻은 바 없음을…
가을빛 저물어 가는 날에
뒷산의 원숭이가 울고 있네

佛祖未曾傳
我亦無所得
此日秋色暮
猿嘯在後峰

제78대　농선 대원 전법선사

전법게

부처와 조사도 일찍이 전한 것이 아니거늘
나 또한 어찌 받았다 하며 준다 할 것인가
이 법이 2천년대에 이르러서
널리 천하 사람을 제도하리라

佛祖未曾傳
我亦何受授
此法二千年
廣度天下人

부처님으로부터 직계로 내려온 불조정맥 제78대 농선 대원 선사님

농선 대원 전법선사의 3대 서원

오로지 정법만을 깨닫기 서원합니다.

입을 열면 정법만을 설하기 서원합니다.

중생이 다하는 그날까지 교화하기 서원합니다.

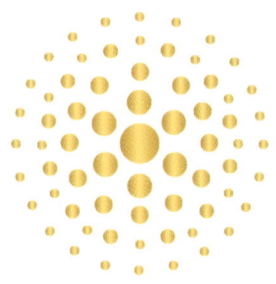

불교 8대 선언문

불교는 자신에게서 영생을 발견하게 한 유일한 종교이다.
불교는 자신에게서 모든 지혜를 발견하게 한 유일한 종교이다.
불교는 자신에게서 모든 능력을 발견하게 한 유일한 종교이다.
불교는 자신에게서 모든 것을 이루게 한 유일한 종교이다.
불교는 자신에게서 극락을 발견하게 한 유일한 종교이다.
불교는 깨달으면 차별 없어 평등하다는 유일한 종교이다.
불교는 모든 억압 없이 자신감을 갖게 한 유일한 종교이다.
불교는 그러므로 온 누리에 영원할 만인의 종교이다.

농선 대원 전법선사 주창

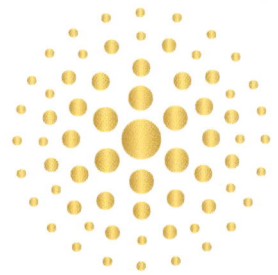

전세계의 불교계에서 통일시켜야 할 일

경전의 말씀대로 32상과 80종호를 갖춘 불상으로 통일해야 한다.

예불 드리는 법을 통일해야 한다.

불공의식을 통일해야 한다.

농선 대원 전법선사 주창

바로보인 불법 ㊹

원각경

도서출판 문젠(구, 바로보인)은 정맥선원에서 운영하고 있습니다.

* 인제산(人濟山) 성불사(成佛寺) 국제정맥선원
  경기도 포천시 내촌면 소리개길 86-178 ☎ 031-531-8805
* 인제산(人濟山) 이문절 포천정맥선원
  경기도 포천시 내촌면 소리개길 86-123 ☎ 031-531-2433
* 백양산(白楊山) 자모사(慈母寺) 부산정맥선원
  부산시 동래구 아시아드대로 114번길 10 대류코리아나 2층 212호 ☎ 051-503-6460
* 자모산(慈母山) 육조사(六祖寺) 청도정맥선원
  경북 청도군 매전면 동산리 산 50 ☎ 010-4543-2460
* 광암산(光巖山) 성도사(成道寺) 광주정맥선원
  광주광역시 광산구 삼도광암길 34 ☎ 062-944-4088
* 대통산(大通山) 대통사(大通寺) 해남정맥선원
  전남 해남군 화산면 송계길 132-98 중정마을 ☎ 061-536-6366

바로보인 불법 ㊹

원 각 경

초판 1쇄 펴낸날 단기 4356년, 불기 3050년, 서기 2023년 1월 5일

역   저 농선 대원 선사
펴 낸 곳 도서출판 문젠(Moonzen Press)
          11192, 경기도 포천시 내촌면 소리개길 86-178
          전화 031-534-3373 팩스 031-533-3387
신고번호 2010.11.24. 제2010-000004호

편집윤문출판 법심 최주희, 법운 정숙경, 증관
인디자인 전자출판 지일 박한재
표 지 글 씨 춘성 박선옥
인   쇄 북크림

도서출판문젠 www.moonzenpress.com
정 맥 선 원 www.zenparadise.com
사막화방지국제연대(IUPD) www.iupd.org

ⓒ 문재현, 2023. Printed in Seoul, Republic of Korea
값 15,000원
ISBN 978-89-6870-199-3

서 문

원각경은 한마디로 모두 다 온통인 마음 성품에 사무쳐 수행하여 원각의 삶이게 한 경전이다.

그러나 또한 모든 근기에 있어서도 바르게 이끌어 수행만 하면 원각에 이르게 한 경전이기도 하다.

아무쪼록 이 경전이 모든 사람의 손에 들려 나락으로 떨어진 이 시대가 바른 삶의 마음이 모두 갖추어져 구경 원각의 누리가 되기를 바라마지 않는다.

다음 규봉 종밀 서문에 고루 갖추었기에 이만 줄인다.

단기(檀紀) 4356년
불기(佛紀) 3050년
서기(西紀) 2023년

무등산인 농선 대원 분향근서
(無等山人 弄禪 大圓 焚香謹書)

대방광원각수다라요의경 서

원(元)·형(亨)·이(利)·정(貞)[1]은 하늘의 덕이라 일기(一氣)에서 비롯하고, 상(常)·낙(樂)·아(我)·정(淨)[2]은 부처님의 덕이라 온통인 마음이 근본이니, 일기를 오로지하여 유(柔)를 이루며 온통인 마음을 닦아서 도를 이룬다.

심(心)이란 것은 잡념을 비워서 묘하고 순수하며 밝고 밝아 신령하게 명료히 드러난 것이다. 감도 없고 옴도 없어 그윽히 과거와 현재와 미래에 통하지만 가운데도 없고 바깥도 없이 훤출히 온누리에 사무친 것이다.

없어짐도 없고 생겨남도 없거니 어찌 사산(四山)[3]이 가

---

1) 원(元)·형(亨)·이(利)·정(貞) : 주역에서 말하는 사물의 근본원리. 원(元)은 봄에 속하여 만물의 시초로 인(仁)이 되고, 형(亨)은 여름에 속하여 만물이 자라나는 예(禮)가 되며, 이(利)는 가을에 속하여 만물이 이루어져 의(義)가 되고, 정(貞)은 겨울에 속하여 만물이 거두어져 지(智)가 된다는 이론.
2) 상(常)·낙(樂)·아(我)·정(淨) : 상(常)은 열반의 경지니 곧 생멸변천함이 없는 덕(德)이고, 낙(樂)은 생사의 고통을 여의어 무위 안락한 덕이며, 아(我)는 망집(妄執)의 아(我)를 여읜 팔대자재(八大自在)가 있는 진아(眞我)이고, 정(淨)은 번뇌의 더러움을 여읜 담연청정(湛然淸淨)한 덕을 말한다.
3) 사산(四山) : 생로병사(生老病死).

히 해할 수 있으며, 성품이라 함도 여의고 모양이라 함도 여의었거니 어찌 다섯 빛깔이 능히 눈멀게 하겠는가.

나고 죽음의 갖은 종류에 처할지라도 여주(驪珠)⁴⁾가 홀로 창해에 빛나듯이 열반언덕에 걸터앉아서 달이 하나 푸른 하늘에 밝듯 하다.

가없는 큼이여, 만법이 시작된 바탕이다. 만법이란 거짓이어서 인연이 모여 생기는 것이니 생긴 것이라 하나 법이란 본래 없는 것이다.

일체가 오직 식(識)이요, 식은 환과 꿈 같은 것이라서 다만 이 온통인 마음뿐이다. 마음은 고요히 아는 원각인 눈이고 청정함으로 가득하여 속에 다른 것을 용납하지 않는다.

그러므로 쓰는 덕이 다함이 없어 모두 온통인 성품이 동일하다. 성품이 일으켜 된 상이므로 경계와 지혜가 이러-히 융통한 성품으로 얻어진 상이다. 몸과 마음이 가없어 이러-하니 해인(海印)에 비유되며 저 태허를 초월하여 넓고 크며 밝고 밝아서 생각으로 헤아리는 것에서 벗어난 나타냄이다.

---

4) 여주(驪珠) : 용의 턱 밑에 있다는 영묘한 구슬. 이것을 얻으면 무엇이든 뜻하는 대로 이룰 수 있다고 한다. 불법의 진리에 비유된다.

우리 부처님께서 이를 밝게 밝혀 깨달으시고 중생들이 미혹한 것을 불쌍히 여기시어 재차 기이하다 탄식하시고 셋째로 큰일임을 생각하시며 이미 십력을 온전히 하여 나무 밑에서 마군들을 꺾어 물리치시고 이에 네 마음[5]을 일으키셔서 집 가운데의 보배창고를 보이고자 하셨다.

그러나 미혹한 무리여서 아버지를 저버린 것을 깨닫기가 쉽지 않으므로 선원(仙苑, 녹야원)과 각장(覺場, 보리장)에서 이치를 가르침에 돈(頓)과 점(漸)을 일으켰으니, 점은 오시(五時)[6]의 다름을 말하여 공(空)과 유(有)로 번갈아 드러내고, 돈은 이제(二諦)[7]의 다른 것이 없어서 극히 그윽하고 신령스럽고 밝아서 기다림이 끊어졌으니, 이제 이 경은 돈의 류(類)이다.

그러므로 여래가 고요한 광명의 곳에 드시니 범부와 성인이 한 근원이요, 받아쓰는 몸을 나투시니 주인공과 따르

---

5) 네 마음 : 사무량심(四無量心). 보살이 한량없는 중생에 대하여 일으키는 자(慈)·비(悲)·희(喜)·사(捨)의 네 가지 마음.
6) 오시(五時) : 부처님의 일대교설(一代敎說)을 구분하여 시간의 차례에 따라 화엄시, 아함시, 방등시, 반야시, 법화열반시의 다섯 단계로 나눈 것.
7) 이제(二諦) : 진제(眞諦)와 속제(俗諦). 진제는 제1의제라고도 하며 깨달음의 진리를 뜻하고, 속제는 세속제 또는 세제라고도 하며 세상 사람들에게 알려진 도리를 말한다.

는 이가 같이 모였다.

　만수대사(曼殊大士)[8]는 처음에 근본에서 일으키는 인(因)의 시작을 물으시고, 박가지존(薄伽至尊)[9]은 머리에 구경의 과를 제창하셨다.

　이 참몸을 비추어 저 꿈속의 형상을 없애서 아상이니 인상이니가 없음을 알았거니 누가 윤회에 구름을 받겠는가. 갖가지 환화(幻化)가 깨달은 마음에서 생기는 것이니, 환이 다 없어지면 깨달음이 원만해지고 통달한 마음이면 법이 두루해진다.

　마음이 본래 이 부처이건만 생각이 일어남을 인하여 표류하고 잠김이여, 실로 언덕은 옮기지 않지만 배가 감으로 인하여 언덕이 달려가는 듯하는 것이니, 단박에 망령됨으로 더럽혀진 것만 없애면 허공꽃이 생기지 않고 점점 갈애(渴愛)의 근원을 다하면 금(金)에 다시는 광석이 없듯 한다.

　이치로는 수행해 증득하여 끊었으나 지혜로는 층계와 같은 차별이 있는 것과 같아, 앞을 앞이라 해도 그릇됨을 깨달았다 해도 뒤의 뒤의 위(位)라 이름하거늘, 하물며 망령의 기멸(起滅)을 잊어서 덕까지 원만히 밝음과 같겠는가.

---

8) 만수대사(曼殊大士) : 문수보살.
9) 박가지존(薄伽至尊) : 법에 밝아 융통해서 모르는 것이 없는 분.

그러나 마구간에서 벗어난 어진 말은 이미 채찍그림자를 흔들어서 티끌에 묻혔던 큰 보배를 대하여 모름지기 다스림의 방편을 베풀어 말하여야 하기에, 그러므로 세 가지 관하는 법으로 맑고 밝게 하여 참과 거짓을 갖춤으로 들어가게 하고 제륜(諸輪)이 무늬가 뒤섞이듯 하였으므로 단수와 복수로 두렷이 닦도록 해야 한다.

사상(四相)이 사람의 본바탕에 숨었으나 깨달음이 막거나 어기지도 않고, 네 가지 병[10]이 몸에서 벗어나면 마음의 꽃이 밝게 피어난다.

다시 장(長)·중(中)·하기(下期)로 하여금 해내는 생각과 굳건히 유지하는 생각과 힘을 더하는 수행으로 구별함과 두렷하게 함과 뒤섞여 익히는 것으로 업장(業障)[11]과 혹장(惑障)[12]이 모두 없어져서 지혜몸을 성취하여 고요가 지극하고 깨달음이 두루하면 백천세계에 부처의 경계가 앞에 나타나니, 이로써 다섯 종류의 이름만 들어도 누리에 가

---

10) 네 가지 병 : 수행의 네 가지 병통인 작(作)·지(止)·임(任)·멸(滅). 작(作)은 마음으로 무언가를 짓는 병이고, 지(止)는 생각을 쉬며 그치는 병이며, 임(任)은 인연따라 마음 가는 대로 맡겨두는 병이고, 멸(滅)은 끊거나 여의는 병을 말한다.
11) 업장(業障) ; 말이나 동작 또는 마음으로 지은 악업에 의한 장애.
12) 혹장(惑障) ; 미혹에 의해 심성을 더럽히고, 정도(正道)를 가지 못하는 장애.

득한 보배로 보시(布施)하는 복보다 뛰어나고, 게송의 반(半)구절의 뜻만이라도 말해 주어도 항하사수의 소승보다 수승함이니, 실로 법마다 가지지 않음이 없고 기틀마다 입히지 않음이 없음을 말미암은 것이다.

슬프다. 잡된 노래는 응해 어울리는 이가 많아서 헤아림이 저 원숭이의 마음보다 더하며, 설곡(雪曲)은 응해 어울리는 이가 드물어서 밝은 뜻이 용장(龍藏)에 숨었다.

종밀이 초년(髫年, 10세지간)에 노고(魯誥, 유교)를 전공하다가 관년(冠年, 20세)에 축분(竺墳, 불경)을 검토하였는데, 모두 전곤(筌罤)에 탐내어 빠져 오직 찌꺼기만을 음미했다가 다행히 부상(涪上, 동천강 이름)에서 침(針)·개(芥)를 서로 던짐이여, 선(禪)은 남종[육조종]을 만나고 교(敎)는 사전(斯典)을 만나서 한 말씀에 마음바탕이 통달해 열리고, 한 질의 가운데에 본연한 뜻이 밝게 빛나니 이제 도라 하면 항상하는 도가 아니다.

모든 행은 무상하니 이제 이 마음이 불심임을 판단하여 곧 부처라고 드러낼 줄을 알았다.

그러나 부처님이란 일체종지를 말하는 것으로 수행과 많이 들음을 빌어야 하므로, 다시 일백 성(城)을 찾아 다니고 많은 책을 앉아 탐구하여 강(講)은 외람되게 태법사를 추천 받았으나 다시 더 안법사를 스승으로 배워 참다운 혜택을 받았으니, 마땅히 나는 진실한 자손으로 인가받았으니 어긋남이랴.

다시 친한 벗들을 만난 것에 대해 더욱 부처님의 은혜에 감격하고 오랫동안 외롭고 가난했음을 개탄하여 장차 법보시를 베풀어 보이고자 반야를 집성하고 화엄의 뼈대를 꿰었으며, 비니(毘尼, 율)를 벗겨 가까이 끌어 끊어야 함은 유식(唯識)[13]을 밝혔다.

그러나 의원의 처방이 만품(萬品)이니 마땅히 대치(對治)할 것을 선택해야 하고, 바다의 보배 천 가지 중에 먼저 여의(如意)를 구해야 하니, 관하건대 글이 많고 뜻이 넓은 것은 진실로 잡화[화엄경]에 양보하려니와 당체를 가리켜 기(機, 중생)에게 던짐은 원각경에 짝할 것이 없다.

그러므로 모든 논을 자세히 참구하고 백가(百家)를 반복하여 써 그 그릇 갖추기를 날카롭게 하고서야 바야흐로 소해(疏解)하니, 마음을 성인의 뜻에 명합(冥合)하고 생각을 정미롭게 연마하기를 다하여 뜻[義]에는 성(性)·상(相)을 갖추고 선(禪)에는 돈(頓)·점(漸)을 겸하여 삼권(三卷)을 애써 이루어 써 힘써 배우는 이에게 전한다.

그러나 상·중·하품의 근기들의 의욕 성질이 달라서 이제

---

13) 유식(唯識) : 일체 사물이란 심식(心識)에 존재할 뿐 마음 밖에 존재하지 않는다는 것.

장차 저 곡성(曲成)[14]을 법(法)과 함께 그 역간(易簡)을 좇아서 다시 정묘하고 긴요함[精要]을 찾고 찾아 바로 본경(本經)에 주석하니, 거의 일[事]에 즉(卽)하고 마음(心)에 즉하여 날로 이익[益]되고 날로 덜어짐[損]이 된다.[15]

당 종남산 초당사 사문 규봉 종밀 술

---

14) 곡성(曲成) : 역(易)에 이르기를 천지의 화(化)는 위곡(委曲)히 만물을 성취하여 유루(遺漏)함이 없다 함.
15) 일손(日損)으로 단혹(斷惑)을 삼고 일익(日益)으로 성지(性智)를 삼으며, 일손(日損)으로 단악(斷惡)을 삼고 일익(日益)으로 수선(修善)을 삼으니, 모두 손(損)은 이과(離過)가 되고 익(益)은 성덕(成德)이 되는 것이다.

大方廣圓覺修多羅了義經序

元亨利貞乾之德也 始於一氣 常樂我淨佛之德也 本乎一心 專一氣而致柔 修一心而成道 心也者 沖虛妙粹炳煥靈明 無去無來 冥通三際 非中非外 洞徹十方 不滅不生 豈四山之可害 離性離相 奚五色之能盲 處生死流 驪珠獨耀於滄海 踞涅槃岸 桂輪孤朗於碧天 大矣哉 萬法資始也 萬法虛僞 緣會而生 生法本無 一切唯識 識如幻夢 但是一心 心寂而知 目之圓覺 彌滿清淨中不容他 故德用無邊 皆同一性 性起爲相 境智歷然 相得性融 身心廓爾 方之海印 越彼太虛 恢恢焉晃晃焉 迥出思議之表也 我佛證此 愍物迷之 再嘆奇哉 三思大事 旣全十力 能摧樹下魔軍 爰起四心 欲示宅中寶藏 然迷頭捨父 悟有易難故 仙苑覺場 敎興頓漸 漸設五時之異 空有迭彰 頓無二諦之殊 幽靈絕待 今此經者 頓之類歟 故如來入寂光土 凡聖一源現受用身 主伴同會 曼殊大士創問本起之因 薄伽至尊 首提究竟之果 照斯真體滅彼夢形 知無我人 誰受輪轉 種種幻化 生於覺心 幻盡覺圓 心通法遍 心本是佛 由念起而漂沈 岸實不移 因舟行而鶩驟 頓除妄宰 空不生華 漸竭愛源 金無重鑛 理絕修證 智似階差 覺前前非 名後後位 況妄忘起滅 德等圓明者焉 然出厩良駒 已搖鞭影 埋塵大寶 須設治方 故三觀澄

明 真假俱入 諸輪綺互 單複圓脩 四相潛神 非覺違拒 四病出體 心華發明 復令長中下期克念攝念而加行 別遍互習業障惑障而消亡 成就慧身 靜極覺遍 百千世界佛境現前 是以聞五種名 超剎寶施福 說半偈義 勝河沙小乘 實由無法不持無機不被者也 噫巴歌和眾 似量騰於猿心 雪曲應稀 了義匿於龍藏 宗密 專魯誥 冠討竺墳 俱溺筌罤 唯味糠粕 幸於涪上 針芥相投 禪遇南宗 教逢斯典 一言之下 心地開通 一軸之中 義天朗耀 頃以道非常道 諸行無常 今知心是佛心 定當作佛 然佛稱種智 修假多聞 故復行詣百城 坐探群籍 講雖濫泰 學且師安 叨沐猶吾之納 謬當真子之印 再逢親友 彌感佛恩 久慨孤貧 將陳法施 採集般若 綸貫華嚴 提挈毘尼 發明唯識 然醫方萬品 宜選對治 海寶千般 先求如意 觀夫文富義博 誠讓雜華 指體投機 無偕圓覺 故參詳諸論 反復百家 以利其器 方為疏解 冥心聖旨 極思研精 義備性相 禪兼頓漸 勒成三卷 以傳強學 然上中下品 根欲性殊 今將法彼曲成 從其易簡 更搜精要 直註本經 庶即事即心 日益日損者矣

　　　　　　　　　　　唐終南山草堂寺沙門宗密述

차 례

서문 11
대방광원각수다라요의경 서 12
일러두기 24

대방광원각수다라요의경 25
제1. 문수보살장 29
제2. 보현보살장 45
제3. 보안보살장 59
제4. 금강장보살장 85
제5. 미륵보살장 103
제6. 청정혜보살장 123
제7. 위덕자재보살장 141
제8. 변음보살장 163

제9. 정제업장보살장 189
제10. 보각보살장 214
제11. 원각보살장 233
제12. 현선수보살장 251

부록1. 농선 대원 선사님 인가 내력 273
부록2. 농선 대원 선사님의 법어 282
부록3. 21세기에 인류가 해야 할 일 317
부록4. 가슴으로 부르는 불심의 노래 321

일러두기

1. 일체종지를 이룬 안목에서 원문의 한 자 한 자를 충실하게 번역하였다.
2. 12보살의 각 장마다 농선 대원 선사가 토끼뿔을 달아 부처님과 각 보살들과의 문답의 핵심 요의를 선리(禪理)로 밝혀 닦아 증득할 수 있도록 하였다.
3. 비록 같은 단어라 할지라도 전후 수행의 경지의 흐름을 따라 단어를 다르게 해석하였다. 예를 들면 인지법행(因地法行)을 31쪽에서는 '바탕에 원인이 되는 법 수행함'이라 하였고, 39쪽에서는 '인의 바탕에서 법을 수행함'이라 하였으며, 115쪽에서는 '바탕에 인연이 되는 법을 수행함'이라 하였다.
4. 첨가한 주의 내용은 불교에 대한 지식이 없는 이들도 경의 뜻을 참구하는데 도움이 되도록 간략하게 달았으며, 주의 내용에 따라서는 사전적인 의미보다 선리(禪理)로써 그 뜻을 밝혀 놓았다.
5. 149, 153, 157, 263, 269쪽의 게송은 농선 대원 선사의 게송으로 여백에 별도 첨부하여 공부하는 이들에게 도움이 되도록 하였다.

대방광원각수다라요의경

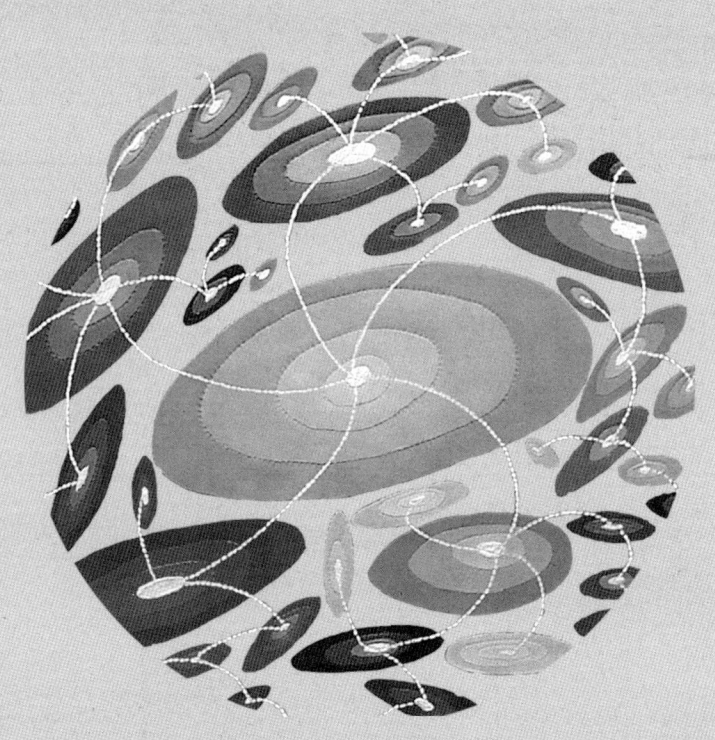

如是我聞 一時 婆伽婆 入於神通大光明藏 三昧
正受 一切如來 光嚴住持 是諸眾生 清淨覺地

身心寂滅 平等本際 圓滿十方 不二隨順 於不二
境 現諸淨土 與大菩薩摩訶薩十萬人俱

其名曰文殊師利菩薩 普賢菩薩 普眼菩薩 金剛藏
菩薩 彌勒菩薩 清淨慧菩薩 威德自在菩薩 辯音
菩薩 淨諸業障菩薩 普覺菩薩 圓覺菩薩 賢善首
菩薩等 而為上首 與諸眷屬 皆入三昧 同住如來
平等法會

이러-히 내가 들었다.

한때에 부처님께서 신통대광명장에 들어서 삼매에서 바로 받아들여 일체 여래의 광명으로 장엄해 세상에 머무셨으니, 이는 모든 중생들의 청정한 깨달음의 바탕이다.

몸과 마음이 적멸(寂滅)한 본래 성품의 평등으로 시방에 원만하여 둘이 아님으로 수순하시며, 둘이 아닌 경지에서 모든 정토를 나투어 대보살마하살 십만인과 더불어 함께 하셨다.

그 이름을 말하면 문수사리보살과 보현보살과 보안보살과 금강장보살과 미륵보살과 청정혜보살과 위덕자재보살과 변음보살과 정제업장보살과 보각보살과 원각보살과 현선수보살 등이 상수(上首)가 되어 모든 권속과 더불어 다 삼매에 들어서 여래의 평등한 법회에 같이 머무르셨다.

제1권

제1. 문수보살장

一. 文殊 章

於是 文殊師利菩薩 在大眾中 即從座起 頂禮佛足 右遶三匝 長跪叉手 而白佛言

大悲世尊 願為此會 諸來法眾 說於如來 本起清淨 因地法行 及說菩薩 於大乘中 發清淨心 遠離諸病 能使未來末世眾生 求大乘者 不墮邪見

作是語已 五體投地 如是三請 終而復始 爾時 世尊 告文殊師利菩薩言

제1. 문수보살장

이에 문수사리보살이 대중 가운데 있다가 곧 자리에서 일어나 부처님의 발에 정례하고 오른쪽으로 세 번을 돌고 존중히 꿇어앉아 차수(叉手)하며 부처님께 사뢰어 말하였다.

"대비하신 세존이시여, 원하건대 이 회상에 모두 모인 법의 대중을 위하여 여래의 근본에서 일으키신 청정한 바탕에 원인이 되는 법 수행함[因地法行]을 설하시고, 보살이 저 대승 가운데서 청정한 마음을 발하여 모든 병을 멀리 여윔을 설하시어, 미래 말세 중생 중 대승을 구하는 이로 하여금 삿된 견해에 떨어지지 않게 하여 주십시오."

이 말을 하고 나서 오체투지(五體投地)[1]하며 이와 같이 세 번 청하여 마치니, 이때 세존께서 문수사리보살에게 일러 말씀하셨다.

---

1) 오체투지(五體投地) : 무릎을 꿇고 두 팔꿈치를 땅에 댄 다음 머리가 땅에 닿도록 절하는 불교의 예법.

善哉善哉 善男子 汝等 乃能為諸菩薩 諮詢如來
因地法行 及為末世一切眾生 求大乘者 得正住持
不墮邪見 汝今諦聽 當為汝說

時 文殊師利菩薩 奉教歡喜 及諸大眾 默然而聽

善男子 無上法王 有大陀羅尼門 名為圓覺 流出
一切清淨 真如 菩提 涅槃 及波羅蜜 教授菩薩 一
切如來 本起因地 皆依圓照 清淨覺相 永斷無明
方成佛道

"착하고 착하다. 선남자여, 그대들이 모든 보살을 위하여 여래의 바탕에 원인이 되는 법 수행함을 물으며, 말세 일체 중생 중 대승법을 구하는 이를 위하여 바르게 머물러 지님을 얻어서 사견에 떨어지지 않게 하려고 하니, 그대들은 이제 자세히 들어라. 마땅히 그대들을 위해 설하리라."

이때에 문수사리보살이 가르침을 받들어 기뻐하며 모든 대중들과 묵연히 들었다.

"선남자야, 위없는 법왕에 대다라니문이 있으니 이름이 원각이라, 일체 청정한 진여와 보리와 열반 및 바라밀을 내놓아 보살을 가르쳐 주니, 일체 여래가 본래의 바탕에서 원인을 일으켜 모두 청정한 깨달음의 모습을 원융하게 비춤으로써 영원히 무명을 끊고 바야흐로 불도를 성취하게 하였다.

云何無明 善男子 一切眾生 從無始來 種種顛倒 猶如迷人 四方易處 妄認四大 為自身相 六塵緣影 為自心相 譬彼病目 見空中花及第二月

善男子 空實無花 病者妄執 由妄執故 非唯惑此虛空自性 亦復迷彼實花生處 由此妄有輪轉生死 故名無明

善男子 此無明者 非實有體 如夢中人 夢時 非無

어떤 것이 무명인가? 선남자야, 일체 중생은 시작을 알 수 없는 때로부터 갖가지로 엎어지고 거꾸러진 것이 마치 미혹한 사람이 사방을 구별하지 못함과 같아서 망령되이 사대(四大)를 잘못 알아서 자신의 몸 모양[身相]으로 삼으며, 육진(六塵)의 반연하는 그림자로 자신의 마음 모양[心相]을 삼으니, 비유하건대 저 병든 눈이 허공 가운데 꽃이나 제2의 달[2]을 보는 것과 같다.

선남자야, 허공에는 실로 꽃이 없거늘 병든 자가 망령되이 집착하니, 망령된 집착으로 인해서 오직 이 비었다 함 마저 빈 자성을 미혹할 뿐만 아니라 또한 다시 저 실지로 꽃이 나는 곳까지 미혹하였으니, 이로 말미암아 망령되이 생사에 윤회하는 것이다. 그러므로 무명이라 이름한다.

선남자야, 이 무명이란 것은 실로 실체가 있지 않는 것이어서 꿈 가운데 사람이 꿈꿀 때에는 없지 않다고 하나,

---

2) 제2의 달 : 물에 드러난 달을 말하는 것으로 실제로는 존재하지 않는 것이다.

及至於醒 了無所得 如眾空花 滅於虛空 不可說言 有定滅處 何以故 無生處故

一切眾生 於無生中 妄見生滅 是故 說名輪轉生死

善男子 如來因地 修圓覺者 知是空花 即無輪轉 亦無身心 受彼生死 非作故無 本性無故

彼知覺者 猶如虛空 知虛空者 即空花相 亦不可說 無知覺性 有無俱遣 是則名為淨覺隨順

깨어나면 마침내 얻을 바가 없는 것과 같으며, 갖가지 허공꽃이 허공에서 사라지나, 정해지거나 없어진 곳이 있다고 말하지 못하는 것과 같으니, 어찌된 까닭인가? 생겨난 곳이 없기 때문이다.

일체 중생이 남[生]이 없는 가운데 망령되이 생멸(生滅)을 보는 까닭으로 생사에 윤회한다 이름 지어 말한다.

선남자야, 여래의 인(因)의 바탕에서 원각을 닦는 이가 이 허공꽃임을 알게 되면 곧 윤회함이 없을 것이며, 또한 몸과 마음이 저 생사(生死)를 받음도 없을 것이니 지어서 없는 것이 아니라 본성품에 없는 까닭이다.

저 깨달아 아는 것도 마치 허공과 같으며 허공인 줄 아는 것도 곧 허공의 꽃인 모습이나, 또한 가히 성품을 깨달아 아는 것이 없다고도 말하지 못할 것이니 있는 것과 없는 것을 함께 보내면, 이것을 곧 깨달아 청정함으로 수순(隨順)[3]한다 이름한다.

---

3) 수순(隨順) : 믿고 따라서 의지해 닦음.

何以故 虛空性故 常不動故 如來藏中 無起滅故 無知見故 如法界性 究竟圓滿 遍十方故 是則名為因地法行

菩薩因此 於大乘中 發清淨心 末世眾生 依此修行 不墮邪見

爾時世尊 欲重宣此義 而說偈言

文殊汝當知
一切諸如來
從於本因地
皆以智慧覺
了達於無明
知彼如空花

어째서인가? 비어 공한 성품인 까닭이고, 항상 움직이지 않는 까닭이며, 여래장 가운데 일고 스러짐이 없는 까닭이고, 안다는 견해가 없는 까닭이며, 법계성과 같아서 구경에 원만하여 시방에 두루한 까닭이니, 이것을 곧 인의 바탕[因地]에서 법을 수행함이라 이름한다.

보살이 이를 인하여 대승 가운데서 청정한 마음을 발하니 말세 중생이 이를 의지해 수행하면 사견에 떨어지지 않는다."

이때에 세존께서 거듭 이 뜻을 베풀어 펴시려고 게송으로 말씀하셨다.

문수야, 그대가 마땅히 알아라
일체 모든 여래가
저 본래 바탕의 인(因)을 좇아
모두 지혜로 깨달음으로써
무명을 통달해 마쳤으니
저 허공의 꽃과 같은 줄을 알면

即能免流轉
又如夢中人
醒時不可得
覺者如虛空
平等不動轉
覺遍十方界
即得成佛道
眾幻滅無處
成道亦無得
本性圓滿故
菩薩於此中
能發菩提心
末世諸眾生
修此免邪見

곧 윤회함을 면할 것이며
또 꿈 가운데 사람이
깨어나면 얻을 것이 없음과 같으니라
깨달은 이는 허공과 같아서
평등하고 움직여 구른 적도 없으니
깨달음이 시방계에 두루하면
곧 불도를 성취해 얻었다 하느니라
여러 가지의 환이 없어진 처소도 없으며
도를 이룬 것 또한 얻음이 없으니
본래 성품이 원만한 까닭이니라
보살이 이 가운데에서
능히 보리심을 발하니
말세의 모든 중생이
이와 같이 수행하면 삿된 견해를 면하느니라

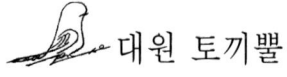 대원 토끼뿔

이 경지를 알고픈가?

공화(空花)를 알려거든
공화 본 곳 보게나

보고 보고 또 보다
무릎 쳐 마쳐서는

마침마저 없음으로
웃음을 지을 걸세

그 웃음 그 실체여
그 온통 이 경지라

시작도 끝도 없는
두렷한 삶에 취한

돌사내 시조 읊고
목녀는 춤이로세

제1권

제2. 보현보살장

二. 普賢 章

於是 普賢菩薩 在大眾中 即從座起 頂禮佛足 右遶三匝 長跪叉手 而白佛言

大悲世尊 願為此會 諸菩薩眾 及為末世一切眾生 修大乘者 聞此圓覺清淨境界 云何修行

世尊 若彼眾生 知如幻者 身心亦幻 云何以幻 還修於幻

若諸幻性 一切盡滅 則無有心 誰為修行 云何復說修行如幻

제2. 보현보살장

 이에 보현보살이 대중 가운데 있다가 곧 자리에서 일어나 부처님의 발에 정례하고 오른쪽으로 세 번을 돌고 존중히 꿇어앉아 차수(叉手)[4]하며 부처님께 사뢰어 말하였다.
 "대비하신 세존이시여, 원하건대 이 회상의 모든 보살 대중들과 말세 일체 중생 중 대승을 닦는 이들을 위하여 말씀하여 주십시오. 이 원각의 청정한 경계를 듣고 어떻게 수행해야 하겠습니까?
 세존이시여, 만일 저 중생이 환(幻)과 같음을 알지라도 자신의 몸과 마음도 또한 환이거늘 어떻게 환으로써 환을 닦을 수 있겠습니까?
 만일 모든 환의 성품이 모두 다 없어진다면 곧 마음마저도 없거늘, 누가 수행함이 되며 어찌하여 다시 환과 같은 수행을 하라고 말씀하시는 것입니까?

---
4) 차수(叉手) : 두 손을 마주 잡는 예법.

若諸眾生 本不修行 於生死中 常居幻化 曾不了知如幻境界 令妄想心 云何解脫

願為末世一切眾生 作何方便 漸次修習 令諸眾生永離諸幻 作是語已 五體投地 如是三請 終而復始 爾時 世尊 告普賢菩薩言

善哉善哉 善男子 汝等 乃能為諸菩薩 及末世眾生 修習菩薩如幻三昧 方便漸次 令諸眾生 得離諸幻 汝今諦聽 當為汝說

時 普賢菩薩 奉教歡喜 及諸大眾 默然而聽

만일 모든 중생이 본래 수행하지 않는다면 나고 죽음 가운데 항상 환으로 화하여 살아서 일찍이 환과 같은 경계임을 깨달아 알지도 못할 것이니, 망상심으로부터 어떻게 해탈할 수 있겠습니까?

　원하건대 말세의 모든 중생을 위하여 무슨 방편을 지어서 점차로 닦고 익히게 해야 모든 중생들로 하여금 영원히 모든 환을 여의게 하겠습니까?"

　이 말을 하고 나서 오체투지(五體投地)하며 이와 같이 세 번 청하여 마치니, 이때에 세존께서 보현보살에게 일러 말씀하셨다.

　"착하고 착하다. 선남자여, 그대들이 모든 보살과 말세 중생을 위하여 보살의 환과 같은 삼매의 방편을 점차로 닦아 익히게 하여 모든 중생으로 하여금 모든 환을 여의게 하려 하니, 그대들은 이제 자세히 들어라. 마땅히 그대들을 위해 설하리라."

　이때에 보현보살이 가르침을 받들어 기뻐하며 모든 대중들과 묵연히 들었다.

善男子 一切眾生 種種幻化 皆生如來 圓覺妙心 猶如空花 從空而有 幻花雖滅 空性不壞

眾生幻心 還依幻滅 諸幻盡滅 覺心不動

依幻說覺 亦名為幻 若說有覺 猶未離幻 說無覺者 亦復如是 是故幻滅 名為不動

善男子 一切菩薩 及末世眾生 應當遠離 一切幻化 虛妄境界 由堅執持 遠離心故 心如幻者 亦復遠離

"선남자야, 일체 중생의 갖가지 환화(幻化)가 모두 여래 원각의 묘한 마음에서 생겨남이 마치 허공 꽃이 허공으로 좇아 있는 것과 같아서 환의 꽃은 비록 없어지나 허공의 성품은 무너진 적도 없는 것과 같다.

중생의 환의 마음도 또한 환을 의지하여 없어진 것이나 모든 환이 다 없어진다 해도 깨달은 마음은 움직인 적도 없다.

환을 의지해 깨달음을 말하는 것도 또한 환이라 이름하니, 만일 깨달음이 있다 말을 하면 오히려 환을 여의지 못한 것이며, 깨달음이 없다 말을 할지라도 또한 다시 이와 같으니, 이런 까닭으로 환이 없어진 것을 이름하여 움직인 적도 없는 것이라 한다.

선남자야, 모든 보살과 말세 중생은 응당 모든 환으로 화한 허망한 경계를 멀리 여의어야 할 것이로되, 멀리 여의려는 마음을 견고하게 집착하여 가진다면, 그 까닭으로 마음마저도 환과 같아질 것이니 또한 다시 멀리 여의어야 하고,

遠離為幻 亦復遠離 離遠離幻 亦復遠離 得無所
離 即除諸幻

譬如鑽火 兩木相因 火出木盡 灰飛煙滅 以幻修
幻 亦復如是 諸幻雖盡 不入斷滅

善男子 知幻即離 不作方便 離幻即覺 亦無漸次
一切菩薩 及末世眾生 依此修行 如是乃能永離諸
幻

爾時世尊 欲重宣此義 而說偈言

멀리 여의려는 것도 환이 된다는 것도 또한 다시 멀리 여의어야 하며, 멀리 여의어야 함마저 여의었다는 환 또한 다시 멀리 여의어야 여읠 바 없음을 얻음이니, 곧 모든 환을 없앴다 할 것이다.

비유하건대 불을 낼 적에 두 나무가 서로 인하여 불이 나지만 나무가 다 타면 재는 날아가고 연기마저 없어지는 것과 같다.

환으로써 환을 닦음도 또한 다시 이와 같아서 모든 환이 비록 다할지라도 끊어 없어짐[斷滅]에 들었던 적도 없어야 한다.

선남자야, 환인 줄 알면 곧 여읜 것이니 방편을 지을 것도 없고, 환을 여의면 곧 깨달음이니 또한 점차라 할 것도 없다.

모든 보살과 말세 중생이 이를 의지해 수행을 해야 할 것이니 이와 같이 해야 모든 환을 영원히 여읠 것이다."

이때에 세존께서 거듭 이 뜻을 베풀어 펴시려고 게송으로 말씀하셨다.

普賢汝當知
一切諸眾生
無始幻無明
皆從諸如來
圓覺心建立
猶如虛空花
依空而有相
空花若復滅
虛空本不動
幻從諸覺生
幻滅覺圓滿
覺心不動故
若彼諸菩薩
及末世眾生
常應遠離幻
諸幻悉皆離
如木中生火

보현아, 그대가 마땅히 알아라
일체 모든 중생의
비롯함이 없는 환인 무명이
다 모든 여래의
원각의 마음으로 이루어진 것이니
마치 허공의 꽃이
허공을 의지해 모양이 있다가
허공꽃이 만일 다시 없어지더라도
허공은 본래 움직인 적도 없는 것과 같아서
환이란 것이 모두 깨달음으로 좇아 생겨나다가
환이 없어지면 깨달음만 두렷이 가득할 것이니
깨달은 마음은 움직인 적도 없는 까닭이니라
만일 저 모든 보살과
말세 중생이
항상 당연히 환을 멀리 여의면
모든 환을 모두 다 여의게 될 것이니
나무 가운데 불이 나서

木盡火還滅
覺則無漸次
方便亦如是

나무가 다 타면 불도 또한 없어지는 것과 같느니라
깨달음은 곧 점차가 없으며
방편도 또한 이와 같느니라

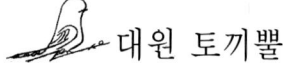 대원 토끼뿔

이상의 경지를 알고픈가?

듣는 곳에서 소리를 보고 보다
한 물건 없는 경지 되어서는

크게 웃어 한마디 외치기를
삼삼은 어찌해도 구다 하리니

돌사내의 거문고 곡조 따라
옥녀는 나는 듯한 춤일세

제1권

제3. 보안보살장

三. 普眼 章

於是 普眼菩薩 在大眾中 即從座起 頂禮佛足 右遶三匝 長跪叉手 而白佛言

大悲世尊 願為此會 諸菩薩眾 及為末世一切眾生 演說菩薩 修行漸次

云何思惟 云何住持 眾生未悟 作何方便 普令開悟

世尊 若彼眾生 無正方便 及正思惟 聞佛如來 說此三昧 心生迷悶 則於圓覺 不能悟入 願興慈悲 為我等輩 及末世眾生

제3. 보안보살장

 이에 보안보살이 대중 가운데 있다가 곧 자리에서 일어나 부처님의 발에 정례하고 오른쪽으로 세 번을 돌고 존중히 꿇어앉아 차수하며 부처님께 사뢰어 말하였다.
 "대비하신 세존이시여, 원하건대 이 회상의 모든 보살 대중들과 말세의 일체 중생을 위하여 보살의 수행하는 점차를 말씀하여 주십시오.
 어떻게 사무쳐 생각하며 어떻게 머물러 가져야 합니까? 중생들이 깨닫지 못하면 무슨 방편을 지어야 널리 열어 깨닫게 하겠습니까?
 세존이시여, 만일 저 중생이 바른 방편과 바르게 사무친 생각이 없으면, 부처님께서 이 삼매를 말씀하심을 듣고 마음이 미혹하고 번민하여 곧 원각에 능히 깨달아 들어가지 못하리니, 원하건대 자비를 일으키시어 저희들과 말세 중생을 위하여,

假說方便 作是語已 五體投地 如是三請 終而復
始 爾時世尊 告普眼菩薩言

善哉善哉 善男子 汝等 乃能為諸菩薩 及末世眾
生 問於如來 修行漸次 思惟住持 乃至假說種種
方便 汝今諦聽 當為汝說

時普眼菩薩 奉教歡喜 及諸大眾 默然而聽

善男子 彼新學菩薩 及末世眾生 欲求如來淨圓覺
心 應當正念 遠離諸幻 先依如來 奢摩他行 堅持
禁戒 安處徒眾 宴坐靜室 恒作是念

방편을 빌려 말씀하여 주십시오."

이 말을 하고 나서 오체투지(五體投地)하며 이와 같이 세 번 청하여 마치니, 이때에 세존께서 보안보살에게 일러 말씀하셨다.

"착하고 착하다. 선남자여, 그대들이 이에 능히 모든 보살과 말세 중생을 위하여 여래의 수행하는 점차와 사무친 생각과 머물러 지님과 갖가지 방편을 빌려 설해 줄 것을 물으니, 그대들은 이제 자세히 들어라. 마땅히 그대들을 위해 설하리라."

이때에 보안보살이 가르침을 받들어 기뻐하며 모든 대중들과 묵연히 들었다.

"선남자야, 저 새로 배우는 보살과 말세 중생이 여래의 청정한 원각의 마음을 구하고자 한다면 응당 바른 생각으로 모든 환을 멀리 여의어야 할 것이니, 먼저 여래의 사마타 수행을 의지하여 금한 계를 굳게 지키고 대중 가운데 편안히 지내거나 고요한 방에 편안히 앉았을 적에 항상 이 생각을 짓되,

我今此身 四大和合 所謂髮毛爪齒 皮肉筋骨 髓腦垢色 皆歸於地 唾涕膿血 津液涎沫 痰淚精氣 大小便利 皆歸於水 暖氣歸火 動轉歸風 四大各離 今者妄身 當在何處

即知此身 畢竟無體 和合為相 實同幻化

四緣假合 妄有六根 六根四大 中外合成 妄有緣氣 於中積聚 似有緣相 假名為心

나의 지금 이 몸은 사대(四大)가 화합한 것이니 털, 손톱, 발톱, 치아, 피부, 살, 힘줄, 뼈, 골수, 뇌, 때의 색신은 모두 땅으로 돌아가고 침, 눈물, 고름, 피, 진액, 거품, 땀, 가래, 정액, 똥, 오줌은 모두 물로 돌아가고 따뜻한 기운은 불로 돌아가며 움직임은 바람으로 돌아가는 것이니, 사대(四大)가 각각 흩어지면 지금의 망령된 몸이 마땅히 어느 곳에 있다고 할 것인가?

곧 알아라. 이 몸은 필경 몸이랄 것도 없거니와 화합하여 된 상(相)이니 실로 허깨비[幻化]와 같은 것이다.

네 가지 인연이 거짓 합하여 망령되이 육근(六根)이 있으니 육근과 사대가 안팎으로 합해져 이루어진 것이거늘, 망령된 인연의 기(氣)가 그 가운데 쌓이고 쌓여 인연의 모습이 있는 듯 하므로 거짓된 이름으로 마음이라 한다.

善男子 此虛妄心 若無六塵 則不能有 四大分解 無塵可得 於中緣塵 各歸散滅 畢竟無有緣心可見

善男子 彼之眾生 幻身滅故 幻心亦滅 幻心滅故 幻塵亦滅 幻塵滅故 幻滅亦滅 幻滅滅故 非幻不滅 譬如磨鏡 垢盡明現

善男子 當知身心 皆為幻垢 垢相永滅 十方清淨

선남자야, 이 허망한 마음이 만일 육진이 없으면 능히 있지 못할 것이며 사대가 나뉘어 흩어지면 티끌만큼도 얻을 수 없는 것이니, 그 가운데 인연과 티끌이 각각 흩어져 없어진 데로 돌아가면 필경에 인연으로 생긴 마음까지도 가히 볼 수 없다.

선남자야, 저 중생이 환으로 생겨난 몸이 멸한 까닭으로 환으로 생겨난 마음도 또한 멸하며, 환으로 생겨난 마음이 멸한 까닭으로 환으로 생겨난 티끌도 또한 멸하며, 환으로 생겨난 티끌이 멸한 까닭으로 환으로 생긴 것이 멸한 것도 또한 멸하며, 환으로 생겨난 것이 멸하였다는 것도 멸한 까닭으로 환 아닌 것은 멸하지 않으니, 비유하건대 거울을 닦을 적에 때가 다하면 밝음이 나타남과 같다.

선남자야, 마땅히 알아라. 몸과 마음이 모두 환과 때[垢]인 것이니 때인 상(相)이 영원히 멸하면 시방이 청정하다.

善男子 譬如淸淨摩尼寶珠 映於五色 隨方各現
諸愚癡者 見彼摩尼 實有五色

善男子 圓覺淨性 現於身心 隨類各應 彼愚癡者
說淨圓覺 實有如是身心自相 亦復如是

由此不能遠於幻化 是故 我說身心幻垢 對離幻垢
說名菩薩 垢盡對除 卽無對垢 及說名者

선남자야, 비유하건대 청정한 마니보배구슬에 오색빛이 비쳐서 방향을 따라 각각 나타나면, 모든 어리석은 사람들은 저 마니에 실로 다섯 가지 빛이 있는 줄로 보는 것과 같다.

선남자야, 원각의 청정한 성품이 몸과 마음으로 나타나서 류(類)를 따라 각각 응한 것인데, 저 어리석은 이들은 청정한 원각에도 실로 이와 같은 몸과 마음이라는 자신의 상이 있다고 말하는 것이 또한 이와 같다.

이로 말미암아 화(化)한 환을 멀리 여의지 못한 까닭으로 내가 몸이니 마음이니 하는 환의 때[垢]를 말하는 것이니, 환의 때를 여읜 이에 대하여 보살이라 이름해 말하나 때가 다하고 상대라는 것이 다 없어지면 곧 대하느니 때니 하는 것과 이름하여 말하는 자까지도 없다.

善男子 此菩薩 及末世衆生 證得諸幻 滅影像故 爾時便得無方淸淨

無邊虛空 覺所顯發 覺圓明故 顯心淸淨 心淸淨故 見塵淸淨 見淸淨故 眼根淸淨 根淸淨故 眼識淸淨 識淸淨故 聞塵淸淨 聞淸淨故 耳根淸淨 根淸淨故 耳識淸淨 識淸淨故覺塵淸淨 如是乃至鼻舌身意 亦復如是

善男子 根淸淨故 色塵淸淨 色淸淨故 聲塵淸淨 香味觸法 亦復如是

선남자야, 이 보살과 말세 중생이 모든 것이 환임을 증득하면 그림자인 상이 없어진 까닭으로 그때에 문득 방소(方所) 없는 청정을 얻게 될 것이다.

가없는 허공까지도 깨달음에서 발하여 나타난 것이니, 깨달음이 원만하게 밝은 까닭으로 청정한 마음이 나타나고, 마음이 청정한 까닭으로 보는 티끌이 청정하며, 보는 것이 청정한 까닭으로 눈의 뿌리가 청정하고, 뿌리가 청정한 까닭으로 눈의 앎이 청정하며, 앎이 청정한 까닭으로 듣는 티끌이 청정하고, 듣는 것이 청정한 까닭으로 귀의 뿌리가 청정하며, 뿌리가 청정한 까닭으로 귀의 앎이 청정하고, 앎이 청정한 까닭으로 깨닫는 티끌이 청정하며, 이러히 내지 코, 혀, 몸, 뜻도 또한 다시 이와 같다.

선남자야, 뿌리가 청정한 까닭으로 색의 티끌이 청정하고, 색이 청정한 까닭으로 소리의 티끌이 청정하며 향기, 맛, 닿음, 법도 또한 다시 이와 같다.

善男子 六塵清淨故 地大清淨 地清淨故 水大清淨 火大風大 亦復如是

善男子 四大清淨故 十二處 十八界 二十五有 清淨 彼清淨故 十力 四無所畏 四無礙智 佛十八不共法 三十七助道品清淨 如是乃至八萬四千陀羅尼門 一切清淨

善男子 一切實相 性清淨故 一身清淨 一身清淨故 多身清淨 多身清淨故 如是乃至十方眾生 圓覺清淨

善男子 一世界清淨故 多世界清淨 多世界清淨故 如是乃至盡於虛空 圓裹三世 一切平等 清淨不動

선남자야, 육진이 청정한 까닭으로 지대(地大)가 청정하고, 지대가 청정한 까닭으로 수대(水大)가 청정하며, 화대(火大)와 풍대(風大)도 또한 다시 이와 같다.

　선남자야, 사대가 청정한 까닭으로 십이처와 십팔계와 이십오유가 청정하며, 저들이 청정한 까닭으로 십력과 사무소외와 사무애지와 부처님의 십팔불공법과 삼십칠조도품이 청정하며 이러-히 내지 팔만 사천다라니문이 모두 청정하다.

　선남자야, 일체 참다운 몸의 성품이 청정한 까닭으로 온통인 몸이 청정하고, 온통인 몸이 청정한 까닭으로 많은 몸도 청정하며, 많은 몸이 청정한 까닭으로 이러-히 내지 시방 중생의 원각이 청정하다.

　선남자야, 한 세계가 청정한 까닭으로 많은 세계가 청정하고, 많은 세계가 청정한 까닭으로 이러-히 내지 허공계를 다하며, 두렷이 삼세를 싸서 일체가 평등하고 청정하여 움직인 적도 없다.

善男子 虛空如是 平等不動 當知覺性 平等不動
四大不動 故當知覺性 平等不動 如是乃至八萬
四千陀羅尼門 平等不動 當知覺性 平等不動

善男子 覺性遍滿 清淨不動 圓無際故 當知六根
遍滿法界 根遍滿故 當知六塵 遍滿法界 塵遍滿
故 當知四大 遍滿法界 如是乃至陀羅尼門 遍滿
法界

善男子 由彼妙覺 性遍滿故 根性塵性 無壞無雜

선남자야, 비었다 함 마저 비어 이러-히 평등하여 움직임이 없으니 마땅히 깨달은 성품이 평등하여 움직임이 없음을 알 것이며, 사대가 움직인 적도 없으므로 마땅히 깨달은 성품이 평등하여 움직임이 없음을 알 것이며, 이러-히 내지 팔만사천의 다라니문까지도 평등하여 움직임이 없으므로 마땅히 깨달은 성품이 평등하여 움직임이 없음을 알 것이다.

선남자야, 깨달은 성품이 두루 가득해서 움직임 없는 청정함이 두렷해 끝이 없는 까닭으로 마땅히 여섯 뿌리가 법계에 두루 가득함을 알 것이고, 뿌리가 두루 가득한 까닭으로 마땅히 여섯 티끌이 법계에 두루 가득함을 알 것이며, 티끌이 두루 가득한 까닭으로 마땅히 사대가 법계에 두루 가득함을 알 것이며, 이러-히 내지 다라니문까지라도 법계에 두루 가득하다.

선남자야, 저 묘한 깨달음의 성품이 두루 가득함을 말미암아 뿌리의 성품과 티끌의 성품이 무너짐도 없고 잡됨도 없으며,

根塵無壞故 如是乃至陀羅尼門 無壞無雜 如百千燈 光照一室 其光遍滿 無壞無雜

善男子 覺成就故 當知菩薩 不與法縛 不求法脫 不厭生死 不愛涅槃 不敬持戒 不憎毀禁 不重久習 不輕初學 何以故

一切覺故 譬如眼光 曉了前境 其光圓滿 得無憎愛 何以故 光體無二 無憎愛故

뿌리와 티끌이 무너짐이 없는 까닭으로 이러-히 내지 다라니문까지라도 무너짐도 없고 잡됨도 없음이 백천 등의 빛이 한 방에 비치면 그 빛이 두루 가득하여 무너짐도 없고 잡됨도 없는 것과 같다.

선남자야, 깨달음이 성취된 까닭으로 마땅히 알아라. 보살이 법에 결박됨이 없고 법에 해탈을 구하는 것도 없으며, 생사를 싫어하지도 않고 열반을 사랑하지도 않으며, 계행 가진 것을 공경할 것도 없고 계율을 깨뜨리는 것을 미워할 것도 없으며, 오래 익힌 이를 존중할 것도 없고 처음 배우는 이를 가벼이 여기지도 않으니 어떠한 까닭인가?

일체가 깨달음뿐이기 때문이다. 비유하면 눈광명이 앞 경계에 밝고 밝게 그 빛이 원만하여 싫어하고 좋아함이 없는 것과 같다. 어떠한 까닭이냐면 광명인 그 몸은 두 가지일 수가 없어서 좋고 싫어함이 없기 때문이다.

善男子 此菩薩 及末世眾生 修習此心 得成就者
於此無修 亦無成就

圓覺普照 寂滅無二 於中 百千萬億阿僧祇不可說
恒河沙諸佛世界 猶如空花 亂起亂滅 不即不離
無縛無脫 始知眾生 本來成佛 生死涅槃 猶如昨
夢

善男子 如昨夢故 當知生死 及與涅槃 無起無滅
無來無去 其所證者 無得無失 無取無捨 其能證
者 無住無止 無作無滅 於此證中 無能無所 畢竟
無證 亦無證者

선남자야, 이 보살과 말세 중생이 이 마음을 닦고 익혀서 성취함을 얻은 이는 이에 닦음도 없으며 또한 성취함도 없다.

　원각이 널리 비쳐서 적멸(寂滅)함에는 두 가지가 없으니, 그 가운데 백천만억 아승지의 가히 설할 수 없는 항하사 모든 부처님세계가 마치 어지럽게 일고 어지럽게 사라지는 허공의 꽃과 같아서, 즉한 것도 아니고 여읜 것도 아니며 얽힘도 없고 벗어남도 없으니, 비로소 중생이 본래 부처로 이뤄졌으며 생사와 열반이 마치 어젯밤 꿈과 같음을 알 것이다.

　선남자야, 어젯밤 꿈과 같은 까닭으로 마땅히 알아라. 생사와 열반이 일어남도 없고 멸함도 없으며, 옴도 없고 감도 없으며, 그 증득한 바에는 얻은 것도 없고 잃은 것도 없으며, 취함도 없고 버림도 없으며, 그 능히 증득한 자는 머물 것도 없고 그칠 것도 없으며, 지을 것도 없고 멸할 것도 없으니, 이 증득한 가운데에 능도 없고 소도 없어서 필경에 증득함도 없으며 또한 증득한 자도 없어서,

一切法性平等不壞 善男子 彼諸菩薩 如是修行 如是漸次 如是思惟 如是住持 如是方便 如是開悟 求如是法 亦不迷悶

爾時世尊 欲重宣此義 而說偈言

普眼汝當知
一切諸眾生
身心皆如幻
身相屬四大
心性歸六塵
四大體各離
誰為和合者
如是漸修行
一切悉清淨

일체 법성이 평등하여 무너진 적도 없다.

　선남자야, 저 모든 보살이 이와 같이 수행하고 이와 같이 점차로 하며, 이와 같이 사무친 생각이어야 하고 이와 같이 머물러 지녀야 하며, 이와 같은 방편이어야 하고 이와 같이 깨달아 열 것이니, 이와 같은 법을 구하면 또한 미혹해 어두워지지 않는다."

　이때에 세존께서 거듭 이 뜻을 베풀어 펴시려고 게송으로 말씀하셨다.

　　보안아, 그대가 마땅히 알아라
　　일체 모든 중생의
　　몸과 마음이 모두 환과 같아서
　　몸인 모양은 사대에 속하고
　　마음이니 성품이니는 육진으로 돌아가니
　　사대의 몸이 각각 흩어지면
　　무엇이 화합했던 자인가?
　　이와 같이 점점 수행하면
　　일체가 다 청정해서

不動遍法界
無作止任滅
亦無能證者
一切佛世界
猶如虛空花
三世悉平等
畢竟無來去
初發心菩薩
及末世眾生
欲求入佛道
應如是修習

움직이지 않고 법계에 두루하여
지음도 그침도 맡김도 멸함도 없고
또한 능히 증득한 자도 없으며
일체 부처님세계가
마치 허공꽃과 같아서
삼세가 다 평등하여
필경에 옴도 감도 없을 것이니
처음 마음 발한 보살과
말세 중생이
부처의 도에 들어감을 구하고자 한다면
응당 이와 같이 닦아 익혀야 할 것이니라

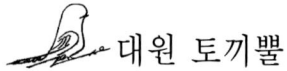 대원 토끼뿔

가없는 허공까지도 깨달음에서 발하여 나타났다는 그 경지에 들고 싶은가?

습득은 비를 메고 걸어가고
포대화상 자루 놓고 섰으며
보화는 재주 넘고 달린다

제1권

제4. 금강장보살장

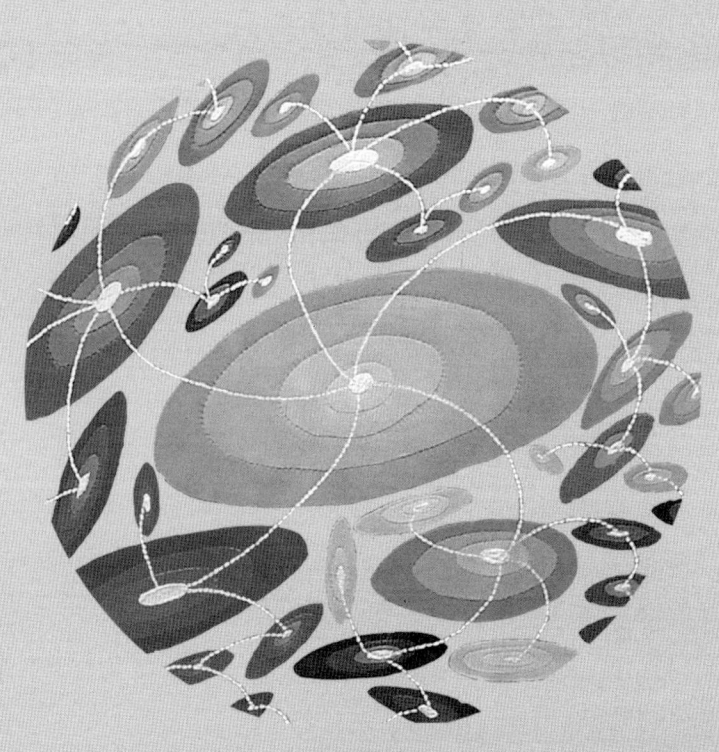

四. 金剛藏 章

於是 金剛藏菩薩 在大衆中 即從座起 頂禮佛足 右遶三匝 長跪叉手 而白佛言

大悲世尊 善爲一切諸菩薩衆 宣揚如來 圓覺淸淨 大陀羅尼 因地法行 漸次方便 與諸衆生 開發蒙昧 在會法衆 承佛慈誨 幻翳朗然 慧目淸淨

世尊 若諸衆生 本來成佛 何故 復有一切無明 若諸無明 衆生本有

제4. 금강장보살장

이에 금강장보살이 대중 가운데 있다가 곧 자리에서 일어나 부처님의 발에 정례하고 오른쪽으로 세 번을 돌고 존중히 꿇어앉아 차수하며 부처님께 사뢰어 말하였다.

"대비하신 세존께서 일체 모든 보살 대중을 잘 위하여 여래 원각의 청정한 대다라니의 인(因)의 바탕에서 법을 수행함과 점차와 방편을 드날려 베푸시어 모든 중생들과 더불어 어리석음에서 열어 주시니, 회상에 있는 법의 대중이 부처님의 자비로운 가르침을 받고 환의 가림이 맑게 환해져서 지혜의 눈이 청정해졌습니다.

세존이시여, 만일 모든 중생이 본래부터 부처였다면 무슨 까닭으로 다시 모든 무명이 있었으며, 만일 모든 무명이 중생에게 본래 있는 것이라면,

何因緣故 如來復說本來成佛 十方異生 本成佛道 後起無明 一切如來 何時 復生一切煩惱

  唯願不捨無遮大慈 為諸菩薩 開祕密藏 及為末世一切眾生 得聞如是 修多羅教了義法門 永斷疑悔 作是語已 五體投地 如是三請 終而復始 爾時世尊 告金剛藏菩薩言

善哉善哉 善男子 汝等 乃能為諸菩薩 及末世眾生 問於如來 甚深祕密 究竟方便 是諸菩薩 最上教誨 了義大乘

무슨 인연과 까닭으로 여래께서 또 본래부터 부처였다고 말씀하셨으며, 시방의 다른 중생들이 본래 부처의 도를 이루고 뒤에 무명을 일으켰다면 모든 여래는 어느 때에 또 모든 번뇌를 내겠습니까?

 오직 원하건대 관대한 대자비를 버리지 마시고 모든 보살을 위하여 비밀장을 열어 주시며, 말세의 일체 중생을 위하여 이와 같이 이치에 계합하도록 가르쳐 깨달아 마치도록 하신 법문을 듣고 영원히 의심한 잘못을 끊게 해 주십시오."

 이 말을 하고 나서 오체투지(五體投地)하며 이와 같이 세 번 청하여 마치니, 이때에 세존께서 금강장보살에게 일러 말씀하셨다.

"착하고 착하다. 선남자여, 그대들이 모든 보살과 말세 중생을 위하여 여래의 심히 깊은 비밀한 구경의 방편을 물으니, 이는 모든 보살의 가장 높은 가르침인 대승의 뜻을 깨닫게 함이라,

能使十方修學菩薩 及諸末世一切眾生 得決定信
永斷疑悔 汝今諦聽 當為汝說

時 金剛藏菩薩 奉教歡喜 及諸大眾 默然而聽

善男子 一切世界 始終生滅 前後有無 聚散起止
念念相續 循環往復 種種取捨 皆是輪迴

未出輪迴 而辨圓覺 彼圓覺性 即同流轉 若免輪
迴 無有是處 譬如動目 能搖湛水 又如定眼 猶迴
轉火

능히 시방의 수행하고 배우는 보살과 모든 말세 일체 중생으로 하여금 결정신(決定信)을 얻어서 영원히 의심한 잘못을 끊게 하리니, 그대들은 이제 자세히 들어라. 마땅히 그대들을 위해 설하리라."

이때에 금강장보살이 가르침을 받들어 기뻐하며 모든 대중들과 묵연히 들었다.

"선남자야, 모든 세계의 시작과 마침, 남[生]과 죽음, 앞과 뒤, 있음과 없음, 모임과 흩어짐, 일으킴과 그침이 생각생각마다 잇고 이어져서 잇달아 돌아 가고 오며 갖가지로 취했다 버렸다 함이 모두 이 윤회이다.

윤회에서 벗어나지 못하고 원각을 분별이나 한다면 저 원각의 성품도 곧 삼계에 표류함과 같을 것이니, 만일 윤회를 면하려 한다면 옳은 것이 아니다.

비유하건대 맑은 물을 흔들어 놓고 움직이는 것을 보는 것과 같고, 또 정(定)한 눈이 돌리는 불을 따름과 같으며,

雲駛月運 舟行岸移 亦復如是 善男子 諸旋未息
彼物先住 尚不可得 何況輪轉生死垢心 曾未清淨
觀佛圓覺 而不旋復

是故汝等 便生三惑 善男子 譬如幻翳 妄見空花
幻翳若除 不可說言 此翳已滅 何時更起一切諸翳
何以故 翳花二法 非相待故

구름이 가는데 달이 움직인 것처럼 보이는 것과 배가 가는데 언덕이 옮기는 것처럼 보이는 것도 또한 다시 이와 같다.

 선남자야, 모든 돌고 도는 것에서 쉬지 못하면 저 사물이 원래 정지해 있었다는 것도 오히려 알 수 없거늘, 하물며 생사에 윤회하는 때묻은 마음이 일찍이 청정하지 못하고서야 부처님의 원각을 보매 어찌 뒤바뀌지 않을 수 있겠는가?

 이런 까닭으로 그대들이 문득 세 가지 의심을 내는 것이다.

 선남자야, 비유하건대 눈을 가리는 환[幻翳]으로 망령되이 허공꽃을 보다가 눈을 가리는 환이 만일 없어지면 이 가린 것이 이미 없어졌으니 어느 때에 다시 일체 모든 가린 것이 일어나겠는가 하고 말하지 못함과 같다.

 어떠한 까닭인가? 가림과 꽃의 두 법이 상대함이 아니기 때문이다.

亦如空花 滅於空時 不可說言虛空 何時 更起空花 何以故 空本無花 非起滅故

生死涅槃 同於起滅 妙覺圓照 離於花翳

善男子 當知虛空 非是暫有 亦非暫無 況復如來圓覺隨順 而為虛空 平等本性

善男子 如銷金鑛 金非銷有 既已成金 不重為鑛 經無窮時 金性不壞 不應說言本非成就　如來圓覺 亦復如是

또한 허공꽃이 허공에서 사라질 때 허공이 어느 때 다시 허공꽃을 일으킨다고 말하지 못함과 같은 것이니, 어떠한 까닭인가? 허공에는 본래 꽃이 없어서 일어나고 멸함이 아닌 까닭이다.

생사와 열반은 일어나고 멸함이 같거니와 묘한 깨달음의 원만한 비춤은 꽃과 가림을 여의었다.

선남자야, 마땅히 알아라. 허공은 이 잠시 있는 것도 아니며 또한 잠시 없는 것도 아니거늘 하물며 다시 여래 원각으로 수순하여 본래 성품이 허공처럼 평등함이 됨에서랴.

선남자야, 금광을 녹이면 금은 녹임으로서 있는 것이 아니며, 이미 금이 되고 나서는 거듭 다시 광석이 되지 않는지라, 다함없는 시간이 지나도록 금의 성품은 무너지지 않는 것이니, 응당 본래 성취한 것이 아니라고 말하지 못함과 같아서 여래 원각도 또한 다시 이와 같다.

善男子 一切如來 妙圓覺心 本無菩提 及與涅槃
亦無成佛 及不成佛 無妄輪迴 及非輪迴

善男子 但諸聲聞 所圓境界 身心語言 皆悉斷滅
終不能至 彼之親證 所現涅槃 何況能以有思惟心
測度如來 圓覺境界

如取螢火燒須彌山 終不能著 以輪迴心 生輪迴見
入於如來 大寂滅海 終不能至

是故 我說一切菩薩 及末世眾生 先斷無始 輪迴
根本

선남자야, 일체 여래의 미묘한 원각의 마음은 본래 보리니 열반이니가 없으며, 또한 성불한 것과 성불하지 못한 것도 없으며, 망령되이 윤회하는 것과 윤회하지 않는 것도 없다.

선남자야, 다만 모든 성문의 두렷한 경계는 몸과 마음과 말이 모두 끊어져 없어졌다 할지라도 마침내 저 친히 증득하여 나타난 열반에는 이르지 못한 것이거늘, 어찌 하물며 사무친 생각이 있는 마음으로써 여래 원각의 경계를 헤아릴 수 있겠는가?

반딧불을 가지고 수미산을 태우려 함과 같아서 마침내 붙이지 못하는 것이니, 윤회하는 마음으로써 윤회하는 견해를 내어서 여래 대적멸(大寂滅)의 바다에 들어가려 한다면 끝내 이르지 못한다.

이런 까닭으로 나는 일체 보살과 말세 중생이 먼저 비롯함이 없는 윤회의 근본을 끊으라 말한다.

善男子 有作思惟 從有心起 皆是六塵 妄想緣氣 非實心體

已如空花 用此思惟 辨於佛境 猶如空花 復結空果 展轉妄想 無有是處

善男子 虛妄浮心 多諸巧見 不能成就圓覺方便 如是分別 非為正問

爾時世尊 欲重宣此義 而說偈言

金剛藏當知
如來寂滅性
未曾有終始
若以輪迴心

선남자야, 지음이 있는 사무친 생각은 있다는 마음으로 좇아 일어난 것이니, 모두 이 여섯 티끌인 망상을 인연한 기운일 뿐 실다운 마음의 본체는 아니다.

이미 허공의 꽃과 같으니 이런 사무친 생각을 써서 부처님의 경지를 헤아리려 하면, 마치 허공의 꽃에 다시 허공의 과실을 맺으려는 것과 같아서 더더욱 망령된 생각이니 옳은 것이 아니다.

선남자야, 허망한 들뜬 마음에는 모든 잘못된 견해가 많아서 원각의 방편을 성취하지 못하는 것이니 이와 같은 분별은 바른 질문이 되지 못한다."

이때에 세존께서 거듭 이 뜻을 베풀어 펴시려고 게송으로 말씀하셨다.

금강장아, 마땅히 알아라
여래의 적멸한 성품에는
일찍이 마침과 시작이 있지 않으니
만일 윤회하는 마음으로는

思惟即旋復
但至輪迴際
不能入佛海
譬如銷金鑛
金非銷故有
雖復本來金
終以銷成就
一成真金體
不復重為鑛
生死與涅槃
凡夫及諸佛
同為空花相
思惟猶幻化
何況詰虛妄
若能了此心
然後求圓覺

사무친 생각이라지만 곧 다시 돌아가니
다만 윤회의 테두리에만 이르고
능히 부처님의 바다에는 들어가지 못하느니라
비유하건대 금광을 녹이는 것과 같아서
금은 녹여서 있는 것이 아니며
비록 본래부터 금이었다 하나
마침내 녹임으로써 성취되는 것이니
일단 참 금의 몸이 되고 나서는
다시 거듭 광석이 되지 않음과 같으니라
생사와 열반과
범부와 모든 부처님이라는 것이
모두 허공꽃인 상과 같은 것이라
사무친 생각이라는 것도 오히려 환으로 화한 것이거늘
어찌 하물며 허망한 것을 따져 물음이랴
만일 능히 이 마음을 끝낸 후에야
원각을 바랄 것이니라

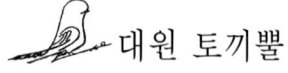 대원 토끼뿔

어떤 것이 모든 허물을 여읜 실상의 원각인가?

석존은 고독원서 걸식하고
달마는 소림굴서 면벽하고
대원은 본래(本來)라 함도 없다 하네

제2권

제5. 미륵보살장

五. 彌勒 章

於是 彌勒菩薩 在大眾中 即從座起 頂禮佛足 右遶三匝 長跪叉手 而白佛言

大悲世尊 廣為菩薩 開祕密藏 令諸大眾 深悟輪迴 分別邪正 能施末世一切眾生 無畏道眼 於大涅槃 生決定信 無復重隨輪轉境界 起循環見

世尊 若諸菩薩 及末世眾生 欲遊如來 大寂滅海 云何當斷輪迴根本 於諸輪迴 有幾種性 修佛菩提 幾等差別

제5. 미륵보살장

이에 미륵보살이 대중 가운데 있다가 곧 자리에서 일어나 부처님의 발에 정례하고 오른쪽으로 세 번을 돌고 존중히 꿇어앉아 차수하며 부처님께 사뢰어 말하였다.

"대비하신 세존께서 널리 보살을 위하여 비밀장을 열어 여러 대중으로 하여금 깊이 윤회를 깨닫게 하시고, 삿됨과 올바름을 분별하여 말세 일체 중생에게 두려움이 없는 도안(道眼)을 베풀어 주시며, 큰 열반에 결정신(決定信)을 내어 다시 거듭 윤회의 경계를 따라 헤매는 견해를 일으키지 않게 하시니, 세존이시여, 만일 모든 보살과 말세 중생이 여래 대적멸의 바다에서 노닐고자 하면, 마땅히 어떻게 윤회의 근본을 끊어야 하며, 모든 윤회에는 몇 가지의 성품이 있으며, 부처님의 깨달음을 수행함에는 몇 가지의 차별이 있으며,

迴入塵勞 當設幾種敎化方便 度諸衆生

唯願不捨救世大悲 令諸修行一切菩薩 及末世衆生 慧目肅淸 照曜心鏡 圓悟如來 無上知見

作是語已 五體投地 如是三請 終而復始 爾時 世尊 告彌勒菩薩言

善哉善哉 善男子 汝等 乃能爲諸菩薩 及末世衆生 請問如來 深奧祕密微妙之義 令諸菩薩 潔淸慧目 及令一切末世衆生 永斷輪迴 心悟實相 具無生忍

중생의 세계에 들어가서는 마땅히 몇 가지 교화의 방편을 베풀어서 모든 중생을 제도하여야 하겠습니까?

오직 원하건대 세상을 구제하는 대비(大悲)를 버리지 마시어 여러 수행하는 모든 보살과 말세 중생으로 하여금 지혜의 눈이 맑고 깨끗해져 마음의 거울이 밝게 빛나서 여래의 위없는 지견을 원만하게 깨닫게 해 주십시오."

이 말을 하고 나서 오체투지(五體投地)하며 이와 같이 세 번 청하여 마치니, 이때에 세존께서 미륵보살에게 일러 말씀하셨다.

"착하고 착하다. 선남자여, 그대들이 모든 보살과 말세 중생을 위하여 여래의 깊고 깊은 비밀하고 미묘한 뜻을 청해 물어서 모든 보살로 하여금 지혜의 눈을 깨끗이 맑게 하며, 일체 말세 중생으로 하여금 영원히 윤회를 끊고 마음의 실상을 깨달아서 무생(無生)의 법인을 갖추게 하니,

汝今諦聽 當為汝說 時彌勒菩薩 奉教歡喜 及諸大眾 默然而聽

善男子 一切眾生 從無始際 由有種種恩愛貪欲 故有輪迴

若諸世界 一切種性 卵生胎生濕生化生 皆因婬欲而正性命 當知輪迴 愛為根本

由有諸欲 助發愛性 是故 能令生死相續 欲因愛生 命因欲有

그대들은 이제 자세히 들어라. 마땅히 그대들을 위해 설하리라."

이때에 미륵보살이 가르침을 받들어 기뻐하며 모든 대중들과 묵연히 들었다.

"선남자야, 일체 중생이 시작을 알 수 없는 때로부터 갖가지 애욕과 탐욕이 있으므로 말미암아 윤회가 있는 것이다.

만일 모든 세계의 모든 종류의 성품인 알로 생긴 것, 태로 생긴 것, 습기로 생긴 것, 화(化)하여 생긴 것이 모두 음탕한 욕심을 인하여 성명(性命)이 정해지는 것이니 마땅히 알아라. 윤회는 애욕이 근본이 된다.

모든 욕심이 있으므로 말미암아 애욕의 성품을 도와 나타나는 것이니, 이런 까닭으로 생사가 서로 이어져 욕심은 애욕으로 인해 나고, 목숨은 욕심으로 인해 있게 되는 것이다.

眾生愛命 還依欲本 愛欲為因 愛命為果

由於欲境 起諸違順 境背愛心 而生憎嫉 造種種業 是故 復生地獄餓鬼

知欲可厭 愛厭業道 捨惡樂善 復現天人 又知諸愛 可厭惡故 棄愛樂捨 還滋愛本 便現有為 增上善果 皆輪迴故 不成聖道

是故 眾生 欲脫生死 免諸輪迴 先斷貪欲 及除愛渴

중생이 목숨을 사랑함은 또한 욕심의 근본을 의지함이니, 애욕은 인(因)이 되고 사랑하는 목숨은 과(果)가 된다.

욕심의 경계를 인해서 모든 어기고 따름을 일으키는 것이니, 경계가 애욕의 마음을 등지게 되면 미워하고 질투하여 갖가지 업을 짓는다. 이런 까닭으로 다시 지옥과 아귀에 태어나게 된다.

가히 탐욕을 알고 싫어하며, 업을 싫어하고 도를 좋아하며, 바르지 않은 것을 버리고 착함을 즐겨해야 다시 천상과 사람으로 태어나는 것이다.

또한 모든 애욕을 가히 싫어해야 할 것으로 알아 애욕을 버리고 베풀기를 즐기더라도, 도리어 애욕의 근본을 키우면 유위의 좋은 과보는 더 많이 받는다 지만 모두 윤회인 고로 성인의 도는 이루지 못한다.

이런 까닭으로 중생이 나고 죽음에서 벗어나 모든 윤회를 면하고자 한다면 먼저 탐욕을 끊고 애욕의 갈증을 없애야 할 것이다.

善男子 菩薩變化 示現世間 非愛爲本 但以慈悲 令彼捨愛 假諸貪欲 而入生死

若諸末世 一切衆生 能捨諸欲 及除憎愛 永斷輪迴 勤求如來 圓覺境界 於淸淨心 便得開悟

善男子 一切衆生 由本貪欲 發揮無明 顯出五性 差別不等 依二種障 而現深淺 云何二障

一者 理障 礙正知見 二者 事障

선남자야, 보살이 변화하여 세간에 나타남은 애욕을 근본으로 하는 것이 아니라, 다만 자비로써 저들의 애욕을 버리게 하려고 짐짓 탐욕을 임시방편으로 하여 생사에 드는 것이다.

만일 모든 말세의 일체 중생이 능히 모든 욕심을 버리며 미워하고 사랑함을 제거하여 영원히 윤회를 끊고 부지런히 여래 원각의 경계를 구하면 청정한 마음이 문득 열려 깨달음을 얻게 된다.

선남자야, 일체 중생이 본래 탐욕으로 인하여 무명이 나타나고, 오성(五性)[5]의 차별이 같지 않음이 드러나 두 가지의 장애를 의지하여 깊고 옅음으로 나타나는 것이니, 어떤 것이 두 장애인가?

첫째는 이치의 장애[理障]이니 바른 지견을 장애함이요, 둘째는 사변의 장애[事障]이니,

---

5) 오성(五性) : 유식종에서 중생의 성품을 다섯 가지로 나눈 것. 범부종성(凡夫種性)은 본래적으로 범부의 씨앗을 지닌 중생, 이승종성(二乘種性)은 성문이나 연각이 될 종자를 갖춘 중생, 보살종성(菩薩種性)은 부처가 될 씨앗을 본래 갖춘 중생, 부정종성(不定種性)은 두 가지나 세 가지 종자를 갖춘 중생, 외도종성(外道種性)은 외도가 될 씨앗을 본래 구비한 중생을 이른다.

續諸生死 云何五性 善男子 若此二障 未得斷滅 名未成佛 若諸眾生 永捨貪欲 先除事障 未斷理障 但能悟入聲聞緣覺 未能顯住菩薩境界

善男子 若諸末世 一切眾生 欲泛如來 大圓覺海 先當發願 勤斷二障 二障 已伏 即能悟入菩薩境界

若事理障 已永斷滅 即入如來 微妙圓覺 滿足菩提 及大涅槃

善男子 一切眾生 皆證圓覺 逢善知識 依彼所作 因地法行

모든 나고 죽음을 계속함이다. 어떤 것이 오성인가?

 선남자야, 만일 이 두 장애를 끊어 없애지 못하면 성불하지 못했다 이름하는 것이니, 만일 모든 중생이 영원히 탐욕을 버리되 먼저 사변의 장애만 없애고[6] 이변의 장애를 끊지 못하면, 다만 성문·연각에만 깨달아 들고 보살경계에 나투어 살지는 못한다.

 선남자야, 만일 모든 말세의 일체 중생이 여래 대원각의 바다에 떠서 노닐고자 한다면, 먼저 마땅히 발원하여 부지런히 두 장애를 끊어야 할 것이니, 두 장애가 이미 조복되면 곧 능히 보살의 경계에 깨달아 들 것이다.

 만일 사변과 이변의 장애를 이미 영원히 끊어 없애면 곧 여래의 미묘한 원각에 들어간 보리요, 대열반이어서 만족할 것이다.

 선남자야, 일체 중생이 모두 원각을 증득하기 위해서는 선지식을 만나 저 지은 바 바탕에 인연이 되는 법을 수행함[因地法行]을 의지해야 하는 것이다.

---

6) 사변의 장애만을 없앤다는 것은 생사만을 끊음을 말한다.

爾時修習 便有頓漸 若遇如來無上菩提正修行路 根無大小 皆成佛果

若諸眾生 雖求善友 遇邪見者 未得正悟 是則名爲外道種性 邪師 過謬 非眾生咎 是名眾生 五性差別

善男子 菩薩 唯以大悲方便 入諸世間 開發未悟 乃至示現種種形相 逆順境界 與其同事 化令成佛 皆依無始清淨願力

이때에 닦아 익힘에는 단박[頓]과 점차[漸]가 있는 것이니, 만일 여래의 위없는 보리의 바른 수행의 길을 만나면, 근본에는 크고 작음이 없어 모두 부처를 이룰 것이다.

만일 여러 중생이 비록 뛰어난 선지식을 구하나 삿된 견해의 사람을 만나는 이는 바른 깨달음을 얻지 못할 것이니, 이는 곧 외도종성(外道種性)이라 이름하되 삿된 스승의 허물이요, 중생의 허물이 아니다. 이것을 중생의 오성차별(五性差別)이라 이름한다.

선남자야, 보살이 오직 대비의 방편으로써 모든 세간에 들어가서 깨닫지 못한 이를 깨우쳐 일으킴에 갖가지 형상을 나투어 보여서 거스르고 따르는 경계에 그와 더불어 일을 같이 하여 교화해서 부처를 이루게 하는 것이니, 모두 비롯함이 없는 청정한 원력을 의지함이다.

若諸末世一切眾生 於大圓覺 起增上心 當發菩薩 淸淨大願 應作是言 願我今者 住佛圓覺 求善知識 莫値外道 及與二乘 依願修行 漸斷諸障 障盡願滿 便登解脫淸淨法殿　證大圓覺妙莊嚴域

爾時世尊 欲重宣此義 而說偈言

彌勒汝當知
一切諸眾生
不得大解脫
皆由貪欲故
墮落於生死

만일 말세의 일체 중생이 대원각에 더 나아갈 마음을 일으킬진대 마땅히 보살의 청정한 대원을 발하여 응당 이와 같이 말하기를 '원하건대 제가 지금 부처님의 원각에 머무르며 선지식을 구하옵나니 외도나 이승을 만나지 말게 하소서.'라고 하며 발원을 의지해서 수행을 하면, 점차 모든 장애를 끊어 장애가 다하고 원(願)이 원만해져서 문득 해탈의 청정한 법전(法殿)에 올라 대원각의 묘한 장엄의 나라를 증득할 것이다."

이때에 세존께서 거듭 이 뜻을 베풀어 펴시려고 게송으로 말씀하셨다.

미륵아, 그대가 마땅히 알아라
일체 모든 중생이
큰 해탈을 얻지 못함은
모두 탐욕으로 인하여
생사에 떨어진 것이기 때문이니

若能斷憎愛
及與貪瞋癡
不因差別性
皆得成佛道
二障永銷滅
求師得正悟
隨順菩薩願
依止大涅槃
十方諸菩薩
皆以大悲願
示現入生死
現在修行者
及末世眾生
勤斷諸愛見
便歸大圓覺

만일 능히 미워함과 사랑함과

탐냄과 성냄과 어리석음을 끊으면

차별의 성질을 인하지 않고

모두 부처님의 도를 성취하게 될 것이니라

두 장애를 영원히 없애는 것은

스승을 찾아 바른 깨달음을 얻고

보살의 원(願)을 수순하여

큰 열반을 의지해야 할 것이니라

시방의 모든 보살이

모두 대비의 원으로써

나고 죽는 데 들어가 나투어 보인 것이니

현재 수행하는 이와

말세 중생이

부지런히 모든 애욕의 견해를 끊으면

문득 대원각에 돌아가리라

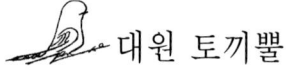 대원 토끼뿔

어떻게 해야 미워함과 사랑함, 탐냄과 성냄과 어리석음을 끊어 불도를 성취해서 부처님과 같이 중생 구제하겠습니까?

밤하늘의 별들은
채송화 꽃과 같고

밤바다 수평선은
드넓은 벌 같으며

지리산 비로봉 밑
산들은 노적일세

제2권

제6. 청정혜보살장

六. 淸淨慧 章

於是 淸淨慧菩薩 在大衆中 卽從座起 頂禮佛足
右繞三匝 長跪叉手 而白佛言

大悲世尊 爲我等輩 廣說如是不思議事 本所不見
本所不聞

我等 今者 蒙佛善誘 身心泰然 得大饒益 願爲諸
來一切法衆 重宣法王 圓滿覺性

一切衆生 及諸菩薩 如來世尊 所證所得 云何差
別

제6. 청정혜보살장

이에 청정혜보살이 대중 가운데 있다가 곧 자리에서 일어나 부처님의 발에 정례하고 오른쪽으로 세 번을 돌고 존중히 꿇어앉아 차수하며 부처님께 사뢰어 말하였다.

"대비하신 세존께서 저희들을 위하여 이와 같이 생각으로는 논의할 수 없는 일을 널리 말씀하시니 본래 보지도 듣지도 못했던 것입니다.

저희들이 이제 부처님의 잘 가르쳐 인도하심을 받고 몸과 마음이 태연스럽게 크고 넉넉한 이익을 얻었으니, 원하건대 모인 모든 법의 대중을 위하여 거듭 법왕의 가없이 두렷한 깨달음의 성품을 베풀어 말씀하여 주십시오.

일체 중생과 모든 보살과 여래세존의 증득한 바와 얻은 바에는 어떠한 차별이 있습니까?

令末世眾生 聞此聖教 隨順開悟 漸次能入 作是
語已 五體投地 如是三請 終而復始 爾時 世尊 告
清淨慧菩薩言

善哉善哉 善男子 汝等 乃能為諸菩薩 及末世眾
生 請問如來 漸次差別 汝今諦聽 當為汝說

時 清淨慧菩薩 奉教歡喜 及諸大眾 默然而聽

善男子 圓覺自性 非性性有 循諸性起 無取無證
於實相中 實無菩薩 及諸眾生

말세 중생으로 하여금 이 성인의 가르침을 듣고 깨달아 열림을 수순하여 점차로 능히 들어가게 해 주십시오.”

이 말을 하고 나서 오체투지(五體投地)하며 이와 같이 세 번 청하여 마치니, 이때에 세존께서 청정혜보살에게 일러 말씀하셨다.

“착하고 착하다. 선남자여, 그대들이 이에 능히 모든 보살과 말세 중생을 위하여 '여래의 점차인 차별'을 청해 물으니, 그대들은 이제 자세히 들어라. 마땅히 그대들을 위해 설하리라.”

이때에 청정혜보살이 가르침을 받들어 기뻐하며 모든 대중들과 묵연히 들었다.

“선남자야, 원각의 자성에는 성품이랄 것도 없는 데서 성품이란 것이 있는 것이니, 모든 성품이라는 것이 따라 일어난다 할지라도 취할 것이 없어서 증득할 것도 없으며, 저 참모습[實相] 가운데에는 실로 보살이랄 것도 모든 중생이랄 것도 없다.

何以故 菩薩眾生 皆是幻化 幻化滅故 無取證者 譬如眼根 不自見眼 性自平等 無平等者

眾生迷倒 未能除滅一切幻化 於滅未滅 妄功用中 便顯差別 若得如來 寂滅隨順 實無寂滅 及寂滅者

善男子 一切眾生 從無始來 由妄想我 及愛我者 曾不自知念念生滅

故起憎愛 耽著五欲 若遇善友 教令開悟 淨圓覺性

어떠한 까닭인가? 보살이니 중생이니가 모두 이 환화(幻化)라, 환화란 것까지도 멸한 까닭으로 취해서 증득할 자도 없으니, 비유하건대 눈이 스스로 자기의 눈을 보지 못함과 같아서 성품이 스스로 평등하여 평등하다는 것도 없다.

중생이 미혹해 엎어지고 거꾸러져서 일체 환화를 아주 멸하지 못하여, 멸하거나 멸하지 못한 망령된 공용(功用)[7] 가운데 문득 차별이 나타났으나, 만일 여래의 적멸을 수순하여 얻으면 실로 적멸도 없고 적멸한 자까지도 없다.

선남자야, 일체 중생이 시작을 알 수 없는 때로부터 망상으로 말미암은 나와 그 나를 사랑하는 데서 일찍이 스스로 생각생각이 나고 사라진다는 것을 알지 못한다.

그러므로 미워하고 사랑함을 일으켜서 다섯 가지 욕심을 탐하는 데 잠기는 것이니, 만일 좋은 벗의 가르침을 만나서 청정한 원각의 성품을 깨달으면,

---

7) 공용(功用) : 분별과 망상을 일으키는 마음 작용.

發明起滅 即知此生 性自勞慮若復有人 勞慮永斷 得法界淨 即彼淨解 為自障礙 故於圓覺 而不自在 此名凡夫 隨順覺性

善男子 一切菩薩 見解為礙 雖斷解礙 猶住見覺 覺礙為礙 而不自在 此名菩薩未入地者隨順覺性

善男子 有照有覺 俱名障礙 是故 菩薩 常覺不住 照與照者 同時寂滅

일고 스러짐이란 곧 이 성품에 스스로 피로함을 생기게 했음을 밝게 알리라.

 만일 다시 어떤 사람이 피로함이 영원히 끊어져서 법계가 청정함을 얻을지라도, 곧 저 청정하다는 견해가 스스로 장애가 되므로 원각에 자재하지 못하는 것이니, 이것을 '범부가 깨닫는 성품을 수순함'이라 이름한다.

 선남자야, 일체 보살이 보았다는 견해마저도 장애가 되는 것이라 하여 비록 그 견해의 장애를 끊는다 할지라도, 오히려 보았다는 깨달음에 머무르면 장애를 깨달았다는 것마저도 장애가 되어서 자재하지 못하는 것이니, 이것을 '보살로서 바탕[地]에 들어가지 못한 자가 성품을 깨달아 수순함'이라 이름하나, 선남자야, 비춤이 있고 깨달음이 있으면 모두 장애라 이름하니, 이런 까닭으로 보살은 항상 깨달음에도 머물지 않아서 비춤과 비추는 이가 동시에 없어야 한다.

譬如有人 自斷其首 首已斷故 無能斷者 則以礙心 自滅諸礙 礙已斷滅 無滅礙者

修多羅教 如標月指 若復見月 了知所標 畢竟非月 一切如來 種種言說 開示菩薩 亦復如是 此名菩薩已入地者 隨順覺性

善男子 一切障礙 即究竟覺 得念失念 無非解脫 成法破法 皆名涅槃 智慧愚癡 通為般若 菩薩外道 所成就法 同是菩提 無明真如 無異境界 諸戒定慧 及婬怒癡 俱是梵行

비유하건대 어떤 사람이 스스로 그 머리를 끊으면 머리가 이미 끊어진 까닭으로 능히 끊어졌다는 것마저도 없는 것과 같아서 곧 장애의 마음으로 스스로 모든 장애를 없앤 것이니, 장애가 이미 끊어 없어졌으므로 장애를 없앴다는 이도 없어야 한다.

  수다라교[8]는 달을 가리킨 손가락과 같으니, 만일 다시 달을 보면 가리킨 것은 필경에 달이 아님을 똑똑히 아는 것과 같아서, 일체 여래가 갖가지 말씀으로 보살에게 열어 보임도 또한 이와 같으니, 이것을 '보살로서 이미 바탕[地]에 들어간 이가 성품을 깨달아 수순함'이라 이름한다.

  선남자야, 일체 장애라는 것마저도 곧 구경에는 깨달음이니, 얻은 생각과 잃은 생각이 해탈 아님이 없고, 이룬 법과 없앤 법이 모두 이름이 열반이며, 지혜와 어리석음이 반야로 통하고, 보살과 외도가 성취한 법이 한 가지로 이 보리이며, 무명과 진여가 다른 경계가 없고, 모든 계와 정과 지혜 및 음행과 성냄과 어리석음이 모두 이 청정한 행이며,

---

8) 수다라교(修多羅敎) ; 경전의 가르침.

眾生國土 同一法性 地獄天宮 皆為淨土 有性無性 齊成佛道 一切煩惱 畢竟解脫 法界海慧 照了諸相 猶如虛空 此名如來 隨順覺性

善男子 但諸菩薩 及末世眾生 居一切時 不起妄念 於諸妄心 亦不息滅 住妄想境 不加了知 於無了知 不辨真實 彼諸眾生 聞是法門 信解受持 不生驚畏 是則名為隨順覺性

중생과 국토가 동일한 법성이고, 지옥과 천궁이 모두 정토가 되며, 성품 있는 것이라거나 성품 없는 것이라는 것이 가지런히 불도를 이루며, 일체 번뇌라는 것이 끝내는 해탈이어서 법계의 바다 같은 지혜로 모든 상이 마치 허공과 같음을 비추어 마침이니, 이것을 '여래의 성품을 깨달아 수순함'이라 이름한다.

　선남자야, 다만 모든 보살과 말세 중생은 일체 때에 있어서 망령된 생각을 일으키지 말 것이며, 모든 망령된 마음을 또한 쉬어 없애려 하지도 말고, 망상의 경계에 머물러서 밝게 아는 것을 더하려 하지도 말며, 밝게 안 것도 없는 데서 참되고 실다움으로 구별하지도 말 것이니, 저 모든 중생이 이 법문을 듣고 믿어 알아 받아 지녀서 놀라거나 두려움을 내지 않으면, 이것을 성품을 깨달아 수순함이 된다 이름한다.

善男子 汝等 當知 如是眾生 已曾供養百千萬億
恒河沙諸佛 及大菩薩 植眾德本 佛說是人 名為
成就一切種智

爾時世尊 欲重宣此義 而說偈言

清淨慧當知
圓滿菩提性
無取亦無證
無菩薩眾生
覺與未覺時
漸次有差別
眾生為解礙
菩薩未離覺
入地永寂滅
不住一切相

선남자야, 그대들은 마땅히 알아라. 이와 같은 중생은 이미 일찍이 백천만억 항하사 모든 부처님과 대보살께 공양하여 많은 본래의 덕을 심은 것이니, 부처님이 말씀하시기를 이 사람은 일체종지를 성취함이 된다 이름한다."

이때에 세존께서 거듭 이 뜻을 베풀어 펴시려고 게송으로 말씀하셨다.

청정혜야, 마땅히 알아라
원만한 보리성품은
취한 것도 없고 또한 증득한 것도 없으며
보살과 중생도 없건만은
깨쳤느니 깨치지 못했느니 할 때에
점차와 차별이 있는 것이니
중생은 견해가 장애가 되고
보살은 깨달은 것을 여의지 못한 것이니라
바탕에 든 이는 영원히 열반이어서
일체 상에 머물지 않고

大覺悉圓滿
名為遍隨順
末世諸眾生
心不生虛妄
佛說如是人
現世即菩薩
供養恒沙佛
功德已圓滿
雖有多方便
皆名隨順智

크게 깨달은 이라야 모두가 원만하여
두루 수순함이 된다 이름하느니라
말세의 모든 중생이
마음에 허망을 내지 않으면
부처님이 말씀하시기를 이와 같은 사람은
현세에 곧 보살이라
항하사 부처님께 공양하여
공덕이 이미 원만한 것이니
비록 많은 방편이 있으나
모두 수순한 지혜라 이름하느니라

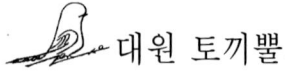 대원 토끼뿔

어떻게 해야 말세 중생들로 하여금 법왕의 가없이 두렷한 깨달음의 성품에 들게 하겠습니까?

누구나 아버지는 남자고
누구나 어머니는 여자며
누구나 그걸 모른 사람 없다

제2권

7. 위덕자재보살장

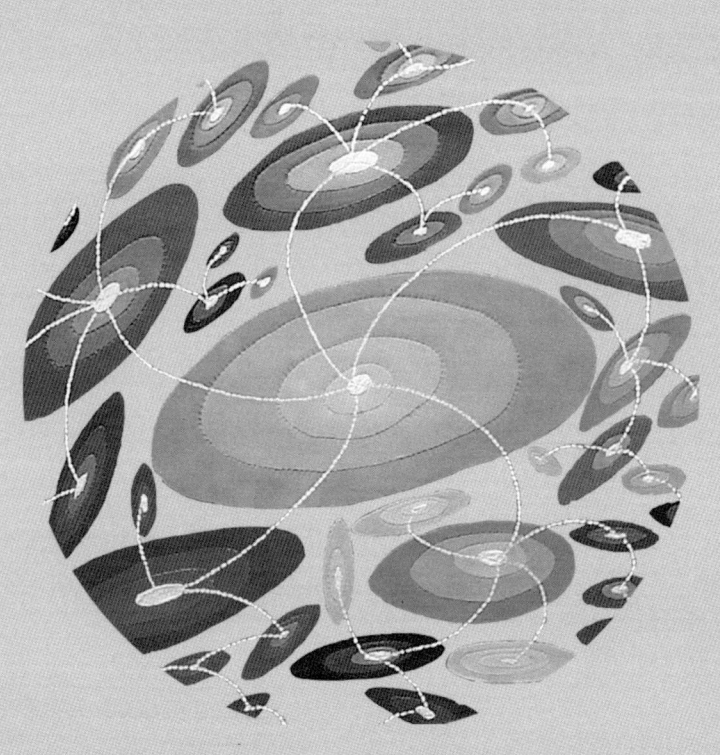

七. 威德自在 章

於是 威德自在菩薩 在大衆中 卽從座起 頂禮佛足 右遶三匝 長跪叉手 而白佛言

大悲世尊 廣爲我等 分別如是隨順覺性 令諸菩薩 覺心光明 承佛圓音 不因修習 而得善利

世尊 譬如大城 外有四門 隨方來者 非止一路 一切菩薩 莊嚴佛國 及成菩提 非一方便 唯願世尊 廣爲我等

제7. 위덕자재보살장

 이에 위덕자재보살이 대중 가운데 있다가 곧 자리에서 일어나 부처님의 발에 정례하고 오른쪽으로 세 번을 돌고 존중히 꿇어앉아 차수하며 부처님께 사뢰어 말하였다.
 "대비하신 세존께서 널리 저희들을 위하여 이와 같이 깨달은 성품으로 수순함을 분별해서 모든 보살로 하여금 마음 광명을 깨닫게 하시니, 부처님의 원만한 음성을 받아들여 닦아 익히지 않고도 훌륭한 이익을 얻었습니다.
 세존이시여, 비유하건대 큰 성에 밖으로 네 문이 있는데 방향을 따라 오는 이가 한 길에 그치지 않음과 같아서, 모든 보살이 부처님 나라를 장엄함과 보리를 성취함도 한 가지 방편이 아니니, 오직 원하건대 세존께서 널리 저희들을 위하여,

宣說一切方便漸次 幷修行人 總有幾種 令此會菩薩 及末世眾生 求大乘者 速得開悟 遊戲如來 大寂滅海

作是語已 五體投地 如是三請 終而復始 爾時 世尊 告威德自在菩薩言

善哉善哉 善男子 汝等 乃能為諸菩薩 及末世眾生 問於如來 如是方便 汝今諦聽 當為汝說

時 威德自在菩薩 奉教歡喜 及諸大眾 默然而聽

善男子 無上妙覺 遍諸十方 出生如來 與一切法 同體平等

일체 방편과 점차와 아울러 수행하는 사람은 모두 몇 가지 부류가 있는지 베풀어 설하시어, 이 회상의 보살과 말세 중생 중 대승을 구하는 이로 하여금 속히 열어 깨달음을 얻어서 여래 대적멸(大寂滅)의 바다에서 즐기게 해 주십시오."

이 말을 하고 나서 오체투지(五體投地)하며 이와 같이 세 번 청하여 마치니, 이때에 세존께서 위덕자재보살에게 일러 말씀하셨다.

"착하고 착하다. 선남자여, 그대들이 모든 보살과 말세 중생을 위하여 여래의 이와 같은 방편을 물으니, 그대들은 이제 자세히 들어라. 마땅히 그대들을 위해 설하리라."

이때에 위덕자재보살이 가르침을 받들어 기뻐하며 모든 대중들과 묵연히 들었다.

"선남자야, 위없는 묘한 깨달음이 모든 시방에 두루하여 여래와 일체법을 낳으니 같은 몸으로 평등하다.

於諸修行 實無有二 方便隨順 其數無量 圓攝所歸 循性差別 當有三種

善男子 若諸菩薩 悟淨圓覺 以淨覺心 取靜為行 由澄諸念 覺識煩動 靜慧發生

身心客塵 從此永滅 便能內發寂靜輕安 由寂靜故 十方世界 諸如來心 於中顯現 如鏡中像 此方便者 名奢摩他

모든 수행에는 실로 두 가지가 없건만 방편으로 수순함에는 그 수가 헤아릴 수 없으나 원만하게 포섭하여 돌아간 데는 성품을 따라 차별함이 마땅히 세 가지가 있다.

선남자야, 만일 모든 보살이 청정한 원각을 깨달아 청정하게 깨달은 마음으로써 고요함을 취하여 수행하면, 모든 생각이 맑아짐으로써 알음알이가 번거롭게 움직인다는 것을 깨달아 고요한 지혜가 나타난다.

몸과 마음의 객(客)인 티끌번뇌가 이로 좇아 영원히 없어져서 문득 안에 적정(寂靜)의 편안함을 발하며, 적정(寂靜)한 까닭으로 시방세계의 모든 여래의 마음이 그 가운데 나타남이 거울 가운데 모습과 같으리니, 이 방편을 사마타(奢摩他)[9]라 이름한다.

---

9) 사마타(奢摩他) : 지(止), 적정(寂靜), 능멸(能滅) 등이라 하며, 마음의 작용이 그쳐 망념이 일어나지 않는 상태.

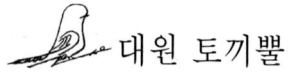 대원 토끼뿔

어떤 것이 사마타 수행인가?

눈 뜨고 뒷 물체만 봄으로
여러 망상 온통인 맘이게 해서

그 온통인 맘에 모든 상 사라지고
아는 맘만 가없이 이러-하리니

이때를 이름하여 말하기를
사마타 수행이라 하는 걸세

아뇩다라삼먁삼보리

북두를 남을 향해 보아라
꽃머리에 이러-히 장안이니
온누리가 겁 밖의 봄 경칠세

善男子 若諸菩薩 悟淨圓覺 以淨覺心 知覺心性 及與根塵 皆因幻化 即起諸幻 以除幻者 變化諸幻 而開幻眾 由起幻故 便能內發大悲輕安

一切菩薩 從此起行 漸次增進 彼觀幻者 非同幻故 非同幻觀 皆是幻故 幻相永離

是諸菩薩 所圓妙行 如土長苗 此方便者 名三摩鉢提

선남자야, 만일 모든 보살이 청정한 원각을 깨달아 청정하게 깨달은 마음으로써 마음성품과 육근과 육진이 모두 환화(幻化)로 인한 것임을 깨달아 알게 되면, 곧 모든 환을 일으켜 환이란 것을 없앰으로써 모든 환을 변화시키니, 환인 중생은 환을 일으킴으로 말미암은 것임을 깨우쳐 주려는 까닭으로 문득 내면에 큰 자비의 편안함을 능히 발하게 된다.(p294 참조)

일체 보살이 이로 좇아 행을 일으켜서 점차로 더 나아가는 것이니, 저 환임을 관하는 자는 같은 환이 아닌 까닭이며, 같은 환이 아니라고 관하는 것까지도 모두 이 환인 까닭으로 환인 상을 영원히 여의게 된다.

이것은 모든 보살의 원만한 바의 묘한 행인 것이니 땅이 싹을 자라게 함과 같아서 이 방편을 삼마발제(三摩鉢提)[10]라 이름한다.

---

10) 삼마발제(三摩鉢提) : 등지(等至), 삼매(三昧) 또는 정(定)이라고도 한다.

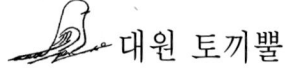 대원 토끼뿔

어떤 것이 삼마발제 수행인가?

얻어서 얻음 없는 맘으로
베풀되 베풂 없이 행함을
삼마발제 행이라 한 걸세

보림송(保任頌)

밖이 없음으로 일에 응하면
연을 맞아도 얽매이지 않는다

善男子 若諸菩薩 悟淨圓覺 以淨覺心 不取幻化 及諸淨相 了知身心 皆為罣礙 無知覺明 不依諸 礙 永得超過礙無礙境

受用世界 及與身心 相在塵域 如器中鍠 聲出於 外 煩惱涅槃 不相留礙 便能內發寂滅輕安

妙覺隨順 寂滅境界 自他身心 所不能及 眾生壽 命 皆為浮想 此方便者 名為禪那

선남자야, 만일 모든 보살이 청정한 원각을 깨달아 청정하게 깨달은 마음으로써 환화와 모든 청정한 상이란 것도 취하지 않으면, 몸이니 마음이니 하는 것이 모두 걸림이 되는 줄 알아 마친 것이니, 깨달아 안다는 것까지도 없는 밝음이라야 모든 장애라는 것이 의지할 수 없어서 영원히 걸리느니 걸림이 없느니의 경지까지를 초월하게 된다.

수용하는 세계와 저 몸과 마음이 서로 티끌경계에 있으나 그릇 속 종의 소리가 밖으로 나오는 것과 같아서 번뇌와 열반이 서로 걸리거나 머무름이 없어 문득 내면에 적멸의 가볍고 편안함이 일어나는 것이다.

묘각으로 수순하는 적멸의 경계는 나니 너니 몸이니 마음이니 하는 것으로는 능히 미치지 못할 바이며, 중생이니 수명이니 하는 모든 것도 덧없는 생각들인 것이다. 이 방편을 이름하여 선나(禪那)[11]라 한다.

---

11) 선나(禪那) : 선정(禪定). 정(定)과 혜(慧)가 균등한 묘체(妙體)를 선나라 한다.

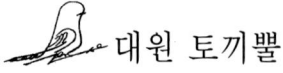 대원 토끼뿔

어떤 것이 선나 수행인가?

일체의 능(能)이니 소(所)이니가
없는 함으로 중생구제 하는 것을
이름하여 선나라 하니라

당심송(當心頌)

이 마음이 옳은 부처다
이 마음 밖에 물질 없다
날마다 마음 광명 놀이일 뿐
이 밖에 구하는 것은 없다

善男子 此三法門 皆是圓覺 親近隨順 十方如來 因此成佛 十方菩薩 種種方便 一切同異 皆依如是三種事業 若得圓證 即成圓覺

善男子 假使有人 修於聖道 教化成就 百千萬億 阿羅漢辟支佛果 不如有人 聞此圓覺 無礙法門 一刹那頃 隨順修習

爾時 世尊 欲重宣此義 而說偈言

威德汝當知
無上大覺心
本際無二相
隨順諸方便

선남자야, 이 세 가지 법문은 모두 이 원각에 친근하도록 수순한 것이다. 시방 여래가 이를 인해 성불하셨고, 시방 보살의 갖가지 방편인 일체 같거나 다른 것 모두가 이와 같은 세 가지의 일을 의지한 것이니, 만일 원만하게 증득함을 얻으면 곧 원각을 이룰 것이다.

선남자야, 가령 어떤 사람이 성인의 도를 닦아서 백천만억의 아라한과 벽지불과를 교화해 성취하게 할지라도, 어떤 사람이 이 원각의 걸림 없는 법문을 듣고 일찰나 동안이라도 수순하여 닦아 익히는 것만 같지 못하다."

이때에 세존께서 거듭 이 뜻을 베풀어 펴시려고 게송으로 말씀하셨다.

위덕아, 그대가 마땅히 알아라
위없는 큰 깨달음의 마음은
본래 두 상(相)이 없건만
모든 방편을 수순하여

其數即無量
如來總開示
便有三種類
寂靜奢摩他
如鏡照諸像
如幻三摩提
如苗漸增長
禪那唯寂滅
如彼器中鍠
三種妙法門
皆是覺隨順
十方諸如來
及諸大菩薩
因此得成道
三事圓證故
名究竟涅槃

그 수가 곧 한량이 없으나
여래가 모두 열어 보임에는
곧 세 가지 종류가 있느니라
적정(寂靜)의 사마타는
거울이 모든 모양을 비침과 같고
환과 같은 삼마제는
싹이 점점 자라남과 같으며
선나의 오직 적멸함은
저 그릇 속의 종소리와 같으니
세 종류의 묘한 법문이
모두 이 깨달음을 수순한 것이니라
시방의 모든 여래와
여러 큰 보살이
이를 인해 도 이룸을 얻으니
세 가지 일을 원융하게 증득한 까닭으로
구경의 열반이라 이름하느니라

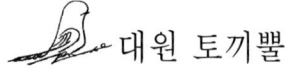 대원 토끼뿔

어떤 것이 구경열반인가?

세 때를 거르잖고 밥을 먹고
도처에서 찾아온 객 맞음이
요즈음 내가 하는 일일세.

• 앞에서 읊은 송과 이곳의 송 중에서 어느 송이 수승한 도리로 쓰고 있는 것인가?
말해 봐라.

제2권

8. 변음보살장

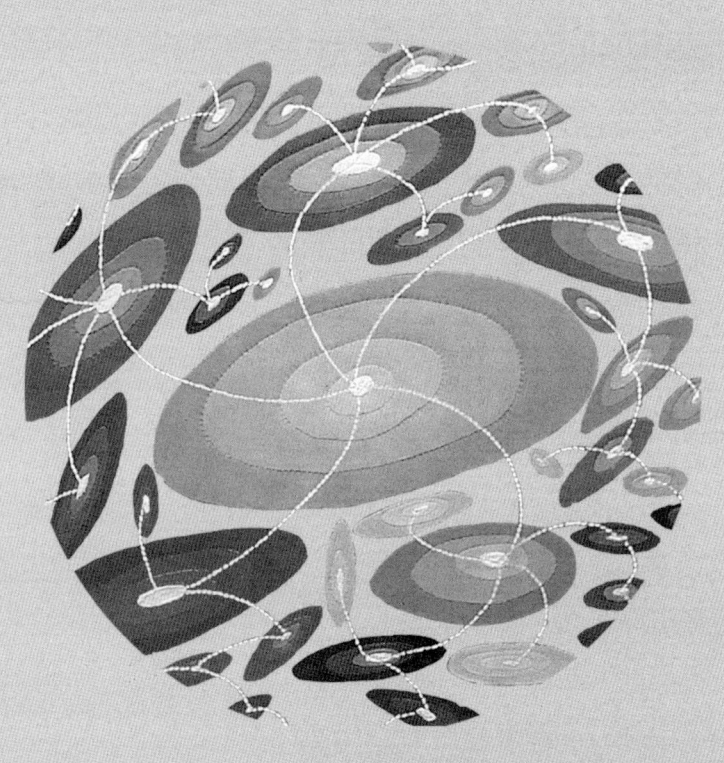

八. 辯音 章

於是 辯音菩薩 在大眾中 即從座起 頂禮佛足 右遶三匝 長跪叉手 而白佛言

大悲世尊 如是法門 甚為希有 世尊 此諸方便 一切菩薩 於圓覺門 有幾修習 願為大眾 及末世眾生 方便開示 令悟實相

作是語已 五體投地 如是三請 終而復始 爾時 世尊 告辯音菩薩言

제8. 변음보살장

이에 변음보살이 대중 가운데 있다가 곧 자리에서 일어나 부처님의 발에 정례하고 오른쪽으로 세 번을 돌고 존중히 꿇어앉아 차수하며 부처님께 사뢰어 말하였다.

"대비하신 세존이시여, 이와 같은 법문은 심히 희유합니다.

세존이시여, 이 모든 방편을 일체 보살은 원각의 문에서 몇 가지로 닦아야 합니까?

원하건대 대중과 말세 중생을 위하여 방편으로 열어 보여 주시어 참다운 바탕을 깨닫게 해 주십시오."

이 말을 하고 나서 오체투지(五體投地)하며 이와 같이 세 번 청하여 마치니, 이때에 세존께서 변음보살에게 일러 말씀하셨다.

善哉善哉 善男子 汝等 乃能爲諸大眾 及末世眾
生 問於如來 如是修習 汝今諦聽 當爲汝說

時 辯音菩薩 奉教歡喜 及諸大眾 默然而聽

善男子 一切如來圓覺淸淨 本無修習 及修習者
一切菩薩 及末世眾生 依於未覺 幻力修習 爾時
便有二十五種 淸淨定輪

若諸菩薩 唯取極靜 由靜力故 永斷煩惱 究竟成
就 不起于座 便入涅槃 此菩薩者 名單修奢摩他

"착하고 착하다. 선남자여, 그대들이 이에 능히 여러 대중과 말세 중생을 위하여 여래의 이와 같은 수행의 익힘을 물으니, 그대들은 이제 자세히 들어라. 마땅히 그대들을 위해 설하리라."

이때에 변음보살이 가르침을 받들어 기뻐하며 모든 대중들과 묵연히 들었다.

"선남자야, 일체 여래 원각이 청정하여 본래 수행해 익힐 것과 수행해 익힐 자라 할 것도 없건만, 일체 보살과 말세 중생이 깨닫지 못하였기에 환의 힘[幻力]으로 닦아 익히는 것이니, 이때에 문득 25종류의 청정한 정륜(定輪)이 있게 되었다.

만일 모든 보살이 오직 지극히 고요함을 취하면, 고요한 힘을 인연한 까닭으로 영원히 번뇌를 끊고 끝내는 성취하여 자리에서 일어나지 않고 문득 열반에 들 것이니, 이 보살은 단수(單修)로 사마타를 수행한다 이름한다.

若諸菩薩 唯觀如幻 以佛力故 變化世界 種種作用 備行菩薩 淸淨妙行 於陀羅尼 不失寂念 及諸靜慧 此菩薩者 名單修三摩鉢提

若諸菩薩 唯滅諸幻 不取作用 獨斷煩惱 煩惱斷盡 便證實相 此菩薩者 名單修禪那

若諸菩薩 先取至靜 以靜慧心 照諸幻者 便於是中 起菩薩行 此菩薩者 名先修奢摩他 後修三摩鉢提

만일 모든 보살이 이 오직 환과 같음을 관하는 부처님의 힘을 쓴 까닭으로 세계에서 갖가지 작용(作用)으로 변화하여 보살의 청정한 묘한 행을 갖추어 행하지만 다라니에서 고요한 생각과 모든 고요한 지혜를 잃지 않으니, 이 보살은 단수로 삼마발제를 닦는 것이라 이름한다.

만일 모든 보살이 오직 모든 환을 없애서 작용을 취하지 않고 홀로 번뇌를 끊어서 번뇌가 끊어져 다 하면 문득 참다운 바탕을 증득할 것이니, 이 보살은 단수로 선나를 닦는 것이라 이름한다.

만일 모든 보살이 먼저 지극히 고요함을 취하여 고요한 지혜의 마음으로써 모든 환이란 것을 비추어서 문득 이 중에서 보살행을 일으키면, 이 보살은 먼저 사마타를 닦고 뒤에 삼마발제를 닦는 것이라 이름한다.

若諸菩薩 以靜慧故 證至靜性 便斷煩惱 永出生死 此菩薩者 名先修奢摩他 後修禪那

若諸菩薩 以寂靜慧 復現幻力 種種變化 度諸眾生 後斷煩惱 而入寂滅 此菩薩者 名先修奢摩他 中修三摩鉢提 後修禪那

若諸菩薩 以至靜力 斷煩惱已 後起菩薩 清淨妙行 度諸眾生 此菩薩者 名先修奢摩他 中修禪那 後修三摩鉢提

若諸菩薩 以至靜力 心斷煩惱 後度眾生 建立世界 此菩薩者 名先修奢摩他 齊修三摩鉢提 及修禪那

만일 모든 보살이 고요한 지혜로써 지극히 고요한 성품을 증득하여 문득 번뇌를 끊어서 영원히 생사에 벗어나면, 이 보살은 먼저 사마타를 닦고 뒤에 선나를 닦는 것이라 이름한다.

만일 모든 보살이 적정(寂靜)의 지혜로써 다시 환의 힘[幻力]을 나투어 갖가지로 변화하여 모든 중생을 제도하고 뒤에 번뇌를 끊어서 적멸에 들면, 이 보살은 먼저 사마타를 닦고 중간에 삼마발제를 닦은 뒤에 선나를 닦는 것이라 이름한다.

만일 모든 보살이 지극히 고요한 힘으로써 번뇌를 끊어 마치고 뒤에 보살의 청정한 묘한 행을 일으켜서 모든 중생을 제도하면, 이 보살은 먼저 사마타를 닦고 중간에 선나를 닦은 뒤에 삼마발제를 닦는 것이라 이름한다.

만일 모든 보살이 지극히 고요한 힘으로써 마음에 번뇌를 끊고 뒤에 중생을 제도하여 세계를 건립하면, 이 보살은 먼저 사마타를 닦고 한꺼번에 삼마발제와 선나를 닦는 것이라 이름한다.

若諸菩薩 以至靜力 資發變化 後斷煩惱 此菩薩者 名齊修奢摩他 三摩鉢提 後修禪那

若諸菩薩 以至靜力 用資寂滅 後起作用 變化境界 此菩薩者 名齊修奢摩他 禪那 後修三摩鉢提

若諸菩薩 以變化力 種種隨順 而取至靜 此菩薩者 名先修三摩鉢提 後修奢摩他

若諸菩薩 以變化力 種種境界 而取寂滅 此菩薩者 名先修三摩鉢提 後修禪那

만일 모든 보살이 지극히 고요한 힘으로써 변화로 도와서 펴고 뒤에 번뇌를 끊으면, 이 보살은 한꺼번에 사마타와 삼마발제를 닦은 뒤에 선나를 닦는 것이라 이름한다.

 만일 모든 보살이 지극히 고요한 힘으로써 적멸을 도운 뒤에 작용을 일으켜서 세계를 변화하면, 이 보살은 한꺼번에 사마타와 선나를 닦은 뒤에 삼마발제를 닦는 것이라 이름한다.

 만일 모든 보살이 변화의 힘으로써 갖가지로 수순하여 지극히 고요함을 취하면, 이 보살은 먼저 삼마발제를 닦고 뒤에 사마타를 닦는 것이라 이름한다.

 만일 모든 보살이 변화의 힘으로써 갖가지 경계에서 적멸을 취하면 이 보살은 먼저 삼마발제를 닦고 뒤에 선나를 닦는 것이라 이름한다.

若諸菩薩 以變化力 而作佛事 安在寂靜 而斷煩惱 此菩薩者 名先修三摩鉢提 中修奢摩他 後修禪那

若諸菩薩 以變化力 無礙作用 斷煩惱故 安住至靜 此菩薩者 名先修三摩鉢提 中修禪那 後修奢摩他

若諸菩薩 以變化力 方便作用 至靜寂滅 二俱隨順 此菩薩者 名先修三摩鉢提 齊修奢摩他 禪那

若諸菩薩 以變化力 種種起用 資於至靜 後斷煩惱 此菩薩者 名齊修三摩鉢提 奢摩他 後修禪那

만일 모든 보살이 변화의 힘으로써 불사를 짓지만 적정(寂靜)의 편안함에 머무르면서 번뇌를 끊으면, 이 보살은 먼저 삼마발제를 닦고 중간에 사마타를 닦은 뒤에 선나를 닦는 것이라 이름한다.

 만일 모든 보살이 변화의 힘으로써 걸림이 없이 작용하고 번뇌를 끊는 까닭으로 지극히 고요함에 편안히 머무르면, 이 보살은 먼저 삼마발제를 닦고 중간에 선나를 닦은 뒤에 사마타를 닦는 것이라 이름한다.

 만일 모든 보살이 변화의 힘으로써 방편으로 작용하나 지극히 고요한 적멸을 둘 다 함께 따라주면, 이 보살은 먼저 삼마발제를 닦고 사마타와 선나를 닦는 것이라 이름한다.

 만일 모든 보살이 변화의 힘으로써 갖가지로 용(用)을 일으켜서 지극히 고요함을 의지해서 뒤에 번뇌를 끊으면, 이 보살은 한꺼번에 삼마발제와 사마타를 닦은 뒤에 선나를 닦는 것이라 이름한다.

若諸菩薩 以變化力 資於寂滅 後住清淨 無作靜慮 此菩薩者 名齊修三摩鉢提 禪那 後修奢摩他

若諸菩薩 以寂滅力 而起至靜 住於清淨 此菩薩者 名先修禪那 後修奢摩他

若諸菩薩 以寂滅力 而起作用 於一切境 寂用隨順 此菩薩者 名先修禪那 後修三摩鉢提

若諸菩薩 以寂滅力 種種自性 安於靜慮 而起變化 此菩薩者 名先修禪那 中修奢摩他 後修三摩鉢提

만일 모든 보살이 변화의 힘으로써 적멸을 의지해서 뒤에 청정한 지음 없는 고요한 생각에 머무르면, 이 보살은 한꺼번에 삼마발제와 선나를 닦은 뒤에 사마타를 닦는 것이라 이름한다.

만일 모든 보살이 적멸한 힘으로써 지극히 고요함을 일으켜 청정함에 머무르면, 이 보살은 먼저 선나를 닦고 뒤에 사마타를 닦는 것이라 이름한다.

만일 모든 보살이 적멸한 힘으로써 작용을 일으켜 일체 경계에서 고요한 씀을 따르면, 이 보살은 먼저 선나를 닦고 뒤에 삼마발제를 닦는 것이라 이름한다.

만일 모든 보살이 자성의 갖가지 적멸한 힘으로써 고요한 생각으로 편안히 변화를 일으키면, 이 보살은 먼저 선나를 닦고 중간에 사마타를 닦은 뒤에 삼마발제를 닦는 것이라 이름한다.

若諸菩薩 以寂滅力 無作自性 起於作用 淸淨境界 歸於靜慮 此菩薩者 名先修禪那 中修三摩鉢提 後修奢摩他

若諸菩薩 以寂滅力 種種淸淨 而住靜慮 起於變化 此菩薩者 名先修禪那 齊修奢摩他 三摩鉢提

若諸菩薩 以寂滅力 資於至靜 而起變化 此菩薩者 名齊修禪那 奢摩他 後修三摩鉢提

若諸菩薩 以寂滅力 資於變化 而起至靜 淸明境慧 此菩薩者 名齊修禪那 三摩鉢提 後修奢摩他

만일 모든 보살이 적멸한 힘으로 지음 없는 자성으로써 작용하여 청정한 경계인 고요한 생각에 돌아가면, 이 보살은 먼저 선나를 닦고 중간에 삼마발제를 닦은 뒤에 사마타를 닦는 것이라 이름한다.

 만일 모든 보살이 적멸한 힘의 갖가지 청정한 것으로써 고요한 생각에 머무르면서 변화를 일으키면, 이 보살은 먼저 선나를 닦고 한꺼번에 사마타와 삼마발제를 닦는 것이라 이름한다.

 만일 모든 보살이 적멸한 힘으로써 지극히 고요함을 의지하여 변화를 일으키면, 이 보살은 한꺼번에 선나와 사마타를 닦은 뒤에 삼마발제를 닦는 것이라 이름한다.

 만일 모든 보살이 적멸한 힘으로써 변화를 의지하여 지극히 고요한 맑고 밝은 경계의 지혜를 일으키면, 이 보살은 한꺼번에 선나와 삼마발제를 닦고 뒤에 사마타를 닦는 것이라 이름한다.

若諸菩薩 以圓覺慧 圓合一切 於諸性相 無離覺性 此菩薩者 名為圓修 三種自性 清淨隨順

善男子 是名菩薩二十五輪 一切菩薩 修行如是

若諸菩薩 及末世眾生 依此輪者 當持梵行寂靜思惟 求哀懺悔 經三七日 於二十五輪 各安標記 至心求哀 隨手結取 依結開示 便知頓漸 一念疑悔 即不成就

爾時 世尊 欲重宣此義 而說偈言

만일 모든 보살이 원각의 지혜로써 일체에 두렷이 합하여 모든 성품과 상에 깨달은 성품을 여읨이 없으면, 이 보살은 자성을 세 가지로 청정하게 수순하여 원만하게 수행한다 이름한다.

선남자야, 이것을 보살의 25륜이라 이름하니 일체 보살의 수행이 이와 같다.

만일 모든 보살과 말세 중생이 이 법륜을 의지하는 이는 마땅히 범행을 지키고 적정(寂靜)의 사유(思惟)로 삼칠일이 지나도록 뉘우쳐 고치며 참회하기를 힘쓰되, 25가지 수행법을 각각 표에 기록하여 두고 지극한 마음으로 간절히 발원하고 나서 손 가는 대로 잡은 것을 취하여 열어 보면 문득 단박[頓]과 점차[漸]를 알게 될 것이니, 한 생각이라도 의심하거나 후회하면 곧 성취하지 못한다.”

이때에 세존께서 거듭 이 뜻을 베풀어 펴시려고 게송으로 말씀하셨다.

辯音汝當知
一切諸菩薩
無礙清淨慧
皆依禪定生
所謂奢摩他
三摩提禪那
三法頓漸修
有二十五種
十方諸如來
三世修行者
無不因此法
而得成菩提
唯除頓覺人
并法不隨順
一切諸菩薩
及末世眾生
常當持此輪

변음아, 그대가 마땅히 알아라

일체 모든 보살의

걸림 없는 청정한 지혜가

모두 선정을 의지해 나는 것이니

이른바 사마타와

삼마제와 선나니라

세 가지 법을 단박과 점차로 닦는 데는

25가지가 있으니

시방의 모든 여래와

삼세의 수행하는 이가

이 법을 인하여

보리를 성취하지 않음이 없느니라

오직 단박에 깨달은 사람과

아울러 법을 따라 행하지 않는 이만은 제외하느니라

일체 모든 보살과

말세 중생이

항상 마땅히 이 법륜을 받아 지녀서

隨順勤修習
依佛大悲力
不久證涅槃

수순하여 부지런히 닦아 익히면
부처님의 대비의 힘을 의지하여
오래지 않아 열반을 증득하리라

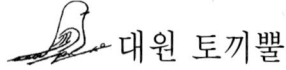 대원 토끼뿔

어찌해야 참다운 바탕의 밝고 바른 일상이겠습니까?

비워서 비운 것도 없으면
어느 때고 항상 적정(寂靜)해서
편한 열반일 걸세

이 경지 단박에 알고픈가?

하늘샘엔 밝은 달 떠서 있고
담양호엔 출렁이는 달이 있네
이 가운데 대자비를 일으켜
그릇 따라 베풂을 다함이여
옥호랑이 나는 듯 기민하고
진흙사자 자비의 일상일세

제3권

제9. 정제업장보살장

九. 淨諸業障 章

於是 淨諸業障菩薩 在大眾中 即從座起 頂禮佛足 右繞三匝 長跪叉手 而白佛言

大悲世尊 為我等輩 廣說如是不思議事 一切如來因地行相 令諸大眾 得未曾有 覩見調御 歷恒沙劫 勤苦境界 一切功用 猶如一念 我等菩薩 深自慶慰

世尊 若此覺心 本性清淨 因何染污 使諸眾生 迷悶不入

제9. 정제업장보살장

 이에 정제업장보살이 대중 가운데 있다가 곧 자리에서 일어나 부처님의 발에 정례하고 오른쪽으로 세 번을 돌고 존중히 꿇어앉아 차수하며 부처님께 사뢰어 말하였다.
 "대비하신 세존께서 저희들을 위하여 널리 이와 같이 생각으로 헤아리지 못할 일인 일체 여래의 인(因)의 바탕에서 수행함을 말씀하셔서, 여러 대중으로 하여금 일찍이 없었음을 얻어 부처님께서 항하사 겁을 지나도록 애써 부지런히 수행한 경계인 일체 공용(功用)을 보아 온통인 생각으로 같게 하시니, 저희들 보살이 마음 깊이 환희하였습니다.
 세존이시여, 만일 이 깨닫는 마음의 본래 성품이 청정하다면 무엇으로 인해 더러움에 물들어 모든 중생들이 미혹하여 깨달음에 들어가지 못하게 되었습니까?

唯願如來 廣為我等 開悟法性 令此大眾 及末世
眾生 作將來眼

說是語已 五體投地 如是三請 終而復始 爾時 世
尊 告淨諸業障菩薩言

善哉善哉 善男子 汝等 乃能為諸大眾 及末世眾
生 諮問如來 如是方便 汝今諦聽 當為汝說

時 淨諸業障菩薩 奉教歡喜 及諸大眾 默然而聽

善男子 一切眾生 從無始來 妄想執有我人眾生
及與壽命 認四顛倒 為實我體

오직 원하건대 여래께서는 널리 저희들을 위하여 법의 성품이 열려 깨닫게 하셔서 이 대중과 말세 중생으로 하여금 장래의 안목을 짓게 해 주십시오."

이 말을 하고 나서 오체투지(五體投地)하며 이와 같이 세 번 청하여 마치니, 이때에 세존께서 정제업장보살에게 일러 말씀하셨다.

"착하고 착하다. 선남자여, 그대들이 이에 능히 모든 대중과 말세 중생을 위하여 여래의 이와 같은 방편을 물으니, 그대들은 이제 자세히 들어라. 마땅히 그대들을 위해 설하리라."

이때에 정제업장보살이 가르침을 받들어 기뻐하며 모든 대중들과 묵연히 들었다.

"선남자야, 일체 중생이 시작을 알 수 없는 때로부터 망령된 생각으로 나니 너니 중생이니 수명이니가 있는 걸로 집착해서 네 가지로 전도(顚倒)됨을 잘못 알아 진실한 나의 몸으로 삼는다.

由此 便生憎愛二境 於虛妄體 重執虛妄 二妄 相 依 生妄業道 有妄業故 妄見流轉 厭流轉者 妄見 涅槃

由此 不能入淸淨覺 非覺 違拒 諸能入者 有諸能 入 非覺入故 是故 動念 及與息念 皆歸迷悶

何以故 由有無始本起無明 為己主宰 一切眾生 生無慧目 身心等性 皆是無明

이로 말미암아 문득 미워하고 사랑하는 두 경계가 생겨서 허망한 몸에 거듭 허망함을 집착하여 두가지 망령됨이 서로 의지하여 망령된 업도(業道)가 생기는 것이다.

망령된 업이 있는 까닭으로 망령된 생사윤회를 보며 생사윤회를 싫어하는 이는 망령된 열반을 본다.

이로 말미암아 능히 청정한 깨달음에 들지 못하니, 깨달음이 능히 잘 들어가는 이를 어기거나 막는 것도 아니며, 능히 잘 들어가는 이가 있을지라도 깨달아 들어간 것도 아닌 까닭이다.

이런 고로 움직이는 생각과 쉬는 생각이 모두 미혹에 돌아간다.

어떠한 까닭이냐? 비롯함이 없음으로부터 본래 일어난 무명이 있어 자기를 주재(主宰)하기 때문이다. 일체 중생이 태어남에 지혜의 눈이 없어서 몸과 마음의 성품이 한결같이 모두 이 무명이다.

譬如有人 不自斷命 是故 當知 有愛我者 我與隨順 非隨順者 便生憎怨 為憎愛心 養無明故 相續求道 皆不成就

善男子 云何我相 謂諸眾生 心所證者

善男子 譬如有人 百骸調適 忽忘我身 四支絃緩 攝養乖方 微加鍼艾 則知有我 是故 證取方現我體

비유하건대 어떤 사람이 스스로 자기 목숨을 끊지 못함과 같다. 이런 까닭으로 마땅히 알아라. 나를 애착함이 있는 사람은 나와 더불어 수순하지만 나를 수순하지 않는 사람은 문득 미워하고 원망하는 것이 생기니, 애증의 마음이 무명을 기르게 된 까닭으로 서로 이어 도를 구하나 다 성취하지 못한다.

선남자야, 어떤 것이 아상인가? 모든 중생의 마음에 증득했다고 하는 것이다.

선남자야, 비유하건대 어떤 사람이 온몸이 건강하면[百骸調適][12] 홀연히 자기 몸을 잊었다가 사지가 느슨해져서 섭생의 방법이 어긋났을 적에 가는 침을 놓거나 뜸을 뜨면 곧 내가 있는 줄 알게 되는 것과 같다. 이런 까닭으로 증득함을 취하면 바야흐로 나의 몸[我體, 아상의 몸]이 나타난다.

---

12) 백해조적(百骸調適) : 백해(百骸)는 몸을 이루는 백개의 뼈로 전체의 몸을 뜻하며, 조적(調適)은 매우 자연스럽고 편안하다는 뜻으로 건강한 몸을 말한다 .

善男子 其心 乃至證於如來 畢竟了知 清淨涅槃 皆是我相

善男子 云何人相 謂諸眾生 心悟證者 善男子 悟有我者 不復認我 所悟非我 悟亦如是 悟已超過 一切證者 悉為人相

善男子 其心 乃至圓悟涅槃 俱是我者 心存少悟 備殫證理 皆名人相

善男子 云何眾生相 謂諸眾生 心自證悟 所不及者

선남자야, 그 마음으로는 여래의 필경에 청정한 열반을 밝게 알아 증득했다 할지라도 모두 이 아상이다.

선남자야, 어떤 것이 인상인가? 모든 중생의 마음에 깨달았다는 것이 확실하다고 하는 것이다.

선남자야, 깨달음이 나에게 있다는 것은 다시 나를 잘못 안 것이니, 깨달은 바가 내가 아니라는 것을 깨달았다 하는 것도 또한 이와 같다. 깨달아서 이미 일체를 증득했다 함마저 초월했다는 것도 모두 인상이다.

선남자야, 그 마음이 원만하게 열반을 깨달아 이르렀다 할지라도 다 이것은 이 나라는 것이 있어 마음에 조금은 깨달았다함이 남아 있음이니, 증득했다는 이치마저 모두 다했다 할지라도 다 인상이라 이름한다.

선남자야, 어떤 것이 중생상인가? 모든 중생의 마음에 스스로 깨달아 증득함에 미치지 못한 바를 말한 것이다.

善男子 譬如有人 作如是言 我是眾生 則知彼人 說眾生者 非我非彼 云何非我 我是眾生 則非是我 云何非彼 我是眾生 非彼我故

善男子 但諸眾生 了證了悟 皆為我人 而我人相 所不及者 存有所了 名眾生相

善男子 云何壽命相 謂諸眾生 心照 清淨 覺所了者 一切業智 所不自見 猶如命根 善男子 若心照見一切覺者 皆為塵垢

선남자야, 비유하건대 저 어떤 사람이 이렇게 말하기를 '나는 이 중생이다'라고 하면 곧 저 사람이 중생이라 말한 것은 나도 아니고 저 이도 아님을 알아야 할 것이니, 어찌하여 내가 아닌가? 내가 이 중생이라 했으니 곧 이 내가 아니며, 어찌하여 저도 아닌가? 내가 이 중생이라 했으므로 내가 저일 수도 없는 까닭이다.

선남자야, 다만 모든 중생이 밝게 증득해 마친 깨달음이라 하면 모두 아(我)와 인(人)이 되니, 아상(我相)과 인상(人相)의 미치지 못할 곳에 요달할 바가 있음을 두는 것을 중생상이라 이름한다.

선남자야, 어떤 것이 수명상인가? 모든 중생의 마음 비춤이 청정하게 깨달아 마친 곳이라고 하는 것이다. 일체 업의 지혜로는 스스로 보지 못하는 것이어서 가히 목숨과 같다.

선남자야, 만일 마음으로 비추어 보는 일체 깨달음이라고 하면 모두 티끌과 때가 되는 것이니,

覺所覺者 不離塵故 如湯銷氷 無別有氷 知氷銷者 存我覺我 亦復如是

善男子 末世眾生 不了四相 雖經多劫 勤苦修道 但名有為 終不能成一切聖果 是故 名為正法末世

何以故 認一切我 為涅槃故 有證有悟 名成就故 譬如有人 以賊為子 其家財寶 終不成就

何以故 有我愛者 亦愛涅槃 伏我愛根 為涅槃相

깨달은 바가 있는 깨달음이라는 티끌을 여의지 못하는 까닭이다.

끓는 물에 얼음을 녹일 때 따로 얼음이 있어 얼음이 녹음을 아는 것이 없음과 같아서, 나라는 것이 존재하는 나를 깨달음도 또한 다시 이와 같다.

선남자야, 말세 중생이 사상(四相)을 마치지 못하면 비록 다겁을 지내도록 부지런히 도를 닦을지라도 다만 유위라 이름하며 마침내 일체 성인의 과보를 이루지 못하리니, 이런 까닭으로 정법의 말세가 된다 이름한다.

어떠한 까닭인가? 일체 나라는 것을 잘못 알아서 열반을 삼는 까닭이며, 증득함이 있고 깨달음이 있음을 성취했다 이름하는 까닭이니, 비유하건대 어떤 사람이 도적을 잘못 알아서 자식으로 삼아 그 집의 재산과 보배도 마침내 성취하지 못하는 것과 같다.

어떠한 까닭인가? 나를 애착하는 것이 있는 이는 또한 열반을 애착하는 것이니, 나를 애착하는 뿌리가 잠복하여 열반상을 삼은 것이다.

有憎我者 亦憎生死 不知愛者 真生死故 別憎生死 名不解脫

云何當知法不解脫 善男子 彼末世眾生 習菩提者 以己微證 為自清淨 猶未能盡我相根本

若復有人 讚歎彼法 即生歡喜 便欲濟度 若復誹謗彼所得者 便生瞋恨 則知我相 堅固執持 潛伏藏識 遊戲諸根 曾不間斷

善男子 彼修道者 不除我相 是故 不能入清淨覺

나를 미워하고 싫어함이 있는 이는 또한 나고 죽음을 싫어하는 것이니, 애착하는 것이 참으로 나고 죽음임을 알지 못하는 까닭으로 따로 나고 죽음을 싫어하는 것이어서 해탈하지 못한 것이라 이름한다.

어찌하여 마땅히 법에서 해탈하지 못함을 아는가? 선남자야, 저 말세 중생이 보리를 익히는 이가 자기의 아주 조그마한 증득함으로써 자기의 청정함을 삼음은 아상의 근본을 다하지 못하였기 때문이다.

만일 다시 어떤 사람이 저 법을 찬탄하면 곧 환희심을 일으켜 문득 제도하고자 하고, 만일 다시 저 얻은 바를 비방하면 문득 성내고 억울해 하니 곧 알아라. 아상을 견고히 집착해 가져서 장식(藏識)[13]에 잠복되고, 육근에 유희하여 모든 근(根)이 일찍이 끊어짐이 없기 때문이다.

선남자야, 저 도를 닦는 이가 아상을 없애지 못한 까닭으로 청정한 깨달음에 들지 못하는 것이다.

---

13) 장식(藏識) : 팔식(八識) 중 제팔아뢰야식(第八阿賴耶識). 모든 법의 종자를 갈무리하는 식(識).

善男子 若知我空 無毀我者 有我說法 我未斷故 眾生壽命 亦復如是

善男子 末世眾生 說病為法 是故 名為可憐愍者 雖勤精進 增益諸病 是故 不能入清淨覺

善男子 末世眾生 不了四相 以如來解 及所行處 為自修行 終不成就

或有眾生 未得謂得 未證謂證 見勝進者 心生嫉妒 由彼眾生 未斷我愛 是故 不能入清淨覺

선남자야, 만일 나란 것이 공함을 알면 나를 헐뜯는 자가 없을진대, 나란 것이 있는 데서 법을 설한다면 아상을 끊지 못한 연고이니, 중생과 수명도 또한 다시 이와 같다.

선남자야, 말세 중생이 병을 말하면서 법으로 삼는 고로 가히 불쌍한 자라 이름하니, 비록 부지런히 정진하나 모든 병만 더하므로 청정한 깨달음에 들지 못한다.

선남자야, 말세 중생이 네 가지 상을 마치지 못하고 여래의 앎과 행한 바를 가지고 자기의 수행을 삼으면 마침내 성취하지 못한다.

혹 어떤 중생이 얻지 못하고서 얻었다 말하고, 밝게 증득하지 못하고 증득했다 말하며, 수승하게 정진하는 이를 보고 질투하는 마음을 내면, 저 중생이 나에 대한 애착을 끊지 못한 연고이니 이런 까닭으로 청정한 깨달음에 들지 못한다.

善男子 末世眾生 希望成道 無令求悟 唯益多聞 增長我見

但當精勤 降伏煩惱 起大勇猛 未得令得 未斷令斷 貪瞋愛慢 諂曲嫉妬 對境不生 彼我恩愛 一切寂滅 佛說是人 漸次成就 求善知識 不墮邪見

若於所求 別生憎愛 則不能入清淨覺海

선남자야, 말세 중생이 도 이루기를 희망하되 깨닫기를 구하지 않고 오직 많이 듣는 것만을 더하여 나라는 소견만 키워간다.

다만 한결같이 부지런히 정진하여 번뇌를 항복받고 대용맹을 일으켜서 얻지 못한 것을 얻고, 끊지 못한 것을 끊으며, 탐내고 성내고 애착하고 거만하고 아첨하고 질투하는 경계를 대하되 일어남이 없고, 저니 나니 은혜니 사랑이니가 일체 없어 적멸하면, 부처님께서 말씀하시기를 이 사람은 점차로 성취한다 하셨으니, 선지식을 구하여 사견에 떨어지지 않아야 한다.

만일 구하는 바에 있어서 따로 애증을 일으키면 곧 능히 청정한 깨달음의 바다에 들어가지 못할 것이다."[14]

---

[14] 만약 구하는 바인 선지식 회상에서도 따로 좋아하거나 싫어하는 마음을 내면 곧 다시 나라는 견해(我見)가 장애가 됨을 면치 못하여 능히 깨달음에 들지 못한다.(然於所求善知識處 別生憎愛 則亦未免爲我見之所障 而不能入覺也)-함허 선사 역해.

爾時 世尊 欲重宣此義 而說偈言

淨業汝當知
一切諸眾生
皆由執我愛
無始妄流轉
未除四種相
不得成菩提
愛憎生於心
諂曲存諸念
是故多迷悶
不能入覺城
若能歸悟刹
先去貪瞋癡
法愛不存心
漸次可成就
我身本不有

이때에 세존께서 거듭 이 뜻을 베풀어 펴시려고 게송으로 말씀하셨다.

정업아, 그대가 마땅히 알아라
일체 모든 중생이
모두 자신을 사랑하는 것에 집착하므로
비롯함 없이 망령되게 윤회하니
네 종류의 상을 없애지 못하면
보리를 성취하지 못하느니라
사랑하고 미워함이 마음에서 나고
아첨하고 비뚤어짐이 모든 생각에 있어
많은 미혹과 번민으로 인하여
능히 깨달음의 성에 들지 못하거니와
만일 능히 찰나에 깨달음에 돌아가서
먼저 탐하고 성내고 어리석음을 버리고
법을 사랑함까지도 마음에 두지 않으면
점차로 가히 성취할 것이니라
내 몸이라 하는 것도 본래 있는 것이 아니거니

憎愛何由生
此人求善友
終不墮邪見
所求別生心
究竟非成就

미워하고 사랑함이 무엇을 인하여 일어나겠는가
이 사람은 착한 벗을 구하면
마침내 사견에 떨어지지 않겠지만
구하는 바에 따로 마음을 내면
구경의 성취는 못하리라

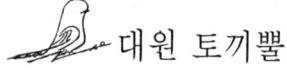 대원 토끼뿔

어찌해서 중생이 되었으며 어떻게 회복합니까?

어찌해서 중생이 된거냐고?
제 능력 제가 몰라 그리됐네
그러나 달라진 것 전혀 없다

그 까닭 그 진정을 알고픈가?
욕심의 흙에 묻힌 보석이니
그 흙만 씻어내면 본래대로세

그대로인 그 모습 알고픈가?
아버지 남매손은 고종간
어머니 형제손은 이종간일세
험!

제3권

10. 보각보살장

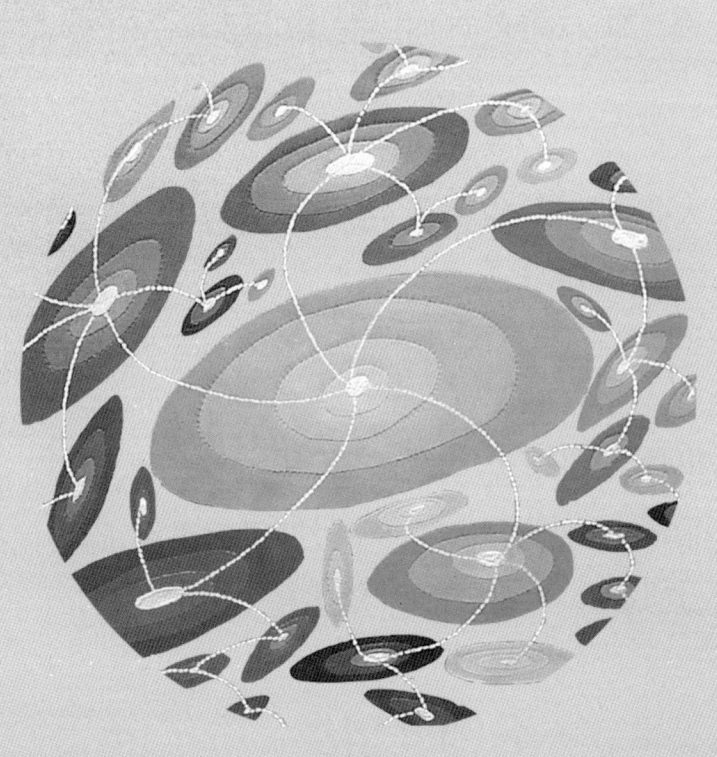

十. 普覺 章

於是 普覺菩薩 在大眾中 即從座起 頂禮佛足 右遶三匝 長跪叉手 而白佛言

大悲世尊 快說禪病 令諸大眾 得未曾有 心意蕩然 獲大安隱

世尊 末世眾生 去佛漸遠 賢聖隱伏 邪法增熾 使諸眾生 求何等人 依何等法 行何等行 除去何病 云何發心 令彼群盲 不墮邪見

제10. 보각보살장

이에 보각보살이 대중 가운데 있다가 곧 자리에서 일어나 부처님의 발에 정례하고 오른쪽으로 세 번을 돌고 존중히 꿇어앉아 차수하며 부처님께 사뢰어 말하였다.

"대비하신 세존이시여, 쾌히 선병(禪病)을 말씀하시어 여러 대중들로 하여금 일찍이 없었던 것을 얻어서 마음과 뜻이 흔적도 없이 크게 평온함을 얻게 하셨습니다.

세존이시여, 말세 중생이 부처님께서 가시고 점점 멀어져 어진 이와 성현은 가리워져 보이지 않고 삿된 법이 더욱 불길같이 성하리니, 모든 중생으로 하여금 어떤 사람을 구하고 어떤 법을 의지하며, 어떤 행을 행하고 무슨 병을 없애며, 어떻게 발심을 하여야 저 여러 가지 눈멂으로 인한 삿된 견해에 떨어지지 않게 하겠습니까?"

作是語已 五體投地 如是三請 終而復始 爾時 世尊 告普覺菩薩言

善哉善哉 善男子 汝等 乃能諮問如來 如是修行 能施末世一切眾生 無畏道眼 令彼眾生 得成聖道 汝今諦聽 當為汝說

時 普覺菩薩 奉教歡喜 及諸大眾 默然而聽

善男子 末世眾生 將發大心 求善知識 欲修行者 當求一切正知見人 心不住相 不著聲聞緣覺境界 雖現塵勞 心恒清淨 示有諸過 讚歎梵行

이 말을 하고 나서 오체투지(五體投地)하며 이와 같이 세 번 청하여 마치니, 이때에 세존께서 보각보살에게 일러 말씀하셨다.

"착하고 착하다. 선남자여, 그대들이 이에 능히 여래의 이와 같은 수행을 물어서 능히 말세 일체 중생에게 두려움 없는 도의 눈[道眼]을 베풀어서 저 중생으로 하여금 성인의 도를 이루어 얻게 하려 하니, 그대들은 이제 자세히 들어라. 마땅히 그대들을 위해 설하리라."

이때에 보각보살이 가르침을 받들어 기뻐하며 모든 대중들과 묵연히 들었다.

"선남자야, 말세 중생이 장차 큰 마음을 발하여 선지식을 구하여 수행하고자 하는 이는 마땅히 일체가 바른 지견의 사람을 구해야 한다. 마음이 상에 머무르지 아니하고 성문과 연각의 경계에 집착하지 않으며, 비록 티끌번뇌에 있더라도 마음이 늘 청정하고, 모든 허물이 있음을 보이나 범행을 찬탄하며,

不令眾生 入不律儀 求如是人 即得成就 阿耨多羅三藐三菩提

末世眾生 見如是人 應當供養 不惜身命 彼善知識 四威儀中 常現清淨 乃至示現種種過患 心無憍慢 況復搏財 妻子眷屬

若善男子 於彼善友 不起惡念 即能究竟成就正覺 心花發明 照十方刹

善男子 彼善知識 所證妙法 應離四病 云何四病

一者 作病 若復有人 作如是言 我於本心 作種種行 欲求圓覺

중생으로 하여금 계율 아닌 데 들어가지 않게 하는 이와 같은 사람을 구하면 곧 아뇩다라삼먁삼보리를 성취할 것이다.

말세 중생이 이와 같은 사람을 보면 응당 공양을 하되 신명을 아끼지 않아야 할 것이니, 저 선지식이 사위의(四威儀) 가운데서 항상 청정함을 나타내거나, 갖가지 허물을 나타내 보일지라도 마음에 교만이 없어야 할 것이거늘 하물며 재산을 모으거나 처자, 권속에 있어서랴.

만일 선남자가 저 선지식에게 악한 생각을 일으키지 않으면, 곧 구경에 바른 깨달음을 성취하여 마음의 꽃을 밝게 피워서 시방세계를 비추리라.

선남자야, 저 선지식의 증득한 바 묘한 법은 응당 네 가지 병을 여의어야 한다. 어떤 것이 네 가지 병인가?

첫째는 짓는 병이니, 만일 다시 어떤 사람이 이와 같은 말을 하기를 '내가 본래 마음에서 갖가지 행을 지어서 원각을 구하고자 한다.'라고 한다면,

彼圓覺性 非作得故 說名為病

二者 任病 若復有人 作如是言 我等今者 不斷生死 不求涅槃 涅槃生死 無起滅念 任彼一切 隨諸法性 欲求圓覺 彼圓覺性 非任有故 說名為病

三者 止病 若復有人 作如是言 我今自心 永息諸念 得一切性 寂然平等 欲求圓覺 彼圓覺性 非止合故 說名為病

四者 滅病 若復有人 作如是言 我今永斷 一切煩惱 身心 畢竟空無所有

저 원각의 성품은 지어서 얻는 것이 아닌 까닭으로 병이 된다 이름한다.

둘째는 맡기는 병이니, 만일 다시 어떤 사람이 이와 같은 말을 하기를 '우리들이 지금 생사를 끊지도 않고 열반을 구하지도 아니하며, 생사열반에 일고 스러지는 생각도 없으니, 저 일체에 맡겨서 모든 법의 성품을 따라 원각을 구하고자 한다.'라고 한다면, 저 원각의 성품은 맡기는 데 있는 것도 아닌 까닭으로 병이 된다 이름한다.

셋째는 그치는 병이니, 만일 다시 어떤 사람이 이와 같은 말을 하기를 '내가 지금 나의 마음에 영원히 모든 생각을 길이 쉬어서 일체 성품을 고요히 평등하게 하여 원각을 구하고자 한다.'라고 한다면, 저 원각의 성품은 그치거나 합함도 아닌 까닭으로 병이 된다 이름한다.

넷째는 없애는 병이니, 만일 다시 어떤 사람이 이와 같은 말을 하기를 '내가 지금 일체 번뇌를 영원히 끊어서 몸과 마음도 필경 공하여 있는 바가 없거늘

何況根塵虛妄境界 一切永寂 欲求圓覺 彼圓覺性 非寂相故 說名為病

離四病者 則知淸淨 作是觀者 名為正觀 若他觀者 名為邪觀

善男子 末世眾生 欲修行者 應當盡命 供養善友 事善知識

彼善知識 欲來親近 應斷憍慢 若復遠離 應斷瞋恨 現逆順境 猶如虛空 了知身心 畢竟平等 與諸眾生 同體無異 如是修行 方入圓覺

어찌 하물며 육근이니 육진이니의 허망한 경계랴. 일체가 영원히 고요한 것으로 원각을 구하고자 한다.'라고 한다면, 저 원각의 성품은 고요한 상도 아닌 까닭으로 병이 된다 이름한다.

네 가지 병을 여읜 이는 곧 청정함을 알 것이니, 이 관(觀)을 짓는 이는 바른 관이라 이름하고 만일 다른 관을 하는 이는 삿된 관이라 이름한다.

선남자야, 말세 중생이 수행하고자 하는 이는 응당 목숨이 다하도록 착한 벗에게 공양하며 선지식을 섬겨야 한다.

저 선지식이 와서 친히 가까이 하고자 하거든 응당 교만을 끊을 것이며, 만일 다시 멀리 여의려 하여도 응당 성내거나 원통해 함을 끊을 것이며, 거슬리고 따름의 경계를 나투는 데도 마치 허공과 같이 할 것이며, 몸과 마음이 필경 평등하여 모든 중생과 더불어 같은 몸으로 다름이 없는 줄 밝게 알아야 할 것이니, 이와 같이 수행하여야 바야흐로 원각에 들어갈 것이다.

善男子 末世眾生 不得成道 由有無始 自他憎愛 一切種子 故未解脫 若復有人 觀彼怨家 如己父母 心無有二 卽除諸病 於諸法中 自他憎愛 亦復如是

善男子 末世眾生 欲求圓覺 應當發心 作如是言 盡於虛空一切眾生 我皆令入究竟圓覺 於圓覺中 無取覺者 除彼我人一切諸相 如是發心 不墮邪見

爾時 世尊 欲重宣此義 而說偈言

선남자야, 말세 중생이 도를 이룸을 얻지 못한 것은 비롯함이 없는 때로부터 나니 너니 미움이니 사랑이니 하는 일체 종자가 있는 고로 해탈하지 못한 것이니, 만일 다시 어떤 사람이 저 원수의 집 보기를 자기의 부모와 같이 하여 마음에 두 가지가 없으면 곧 모든 병을 없애리니, 모든 법 가운데 나니 너니 미움이니 사랑이니 하는 것도 또한 다시 이와 같다.

 선남자야, 말세 중생이 원각을 구하고자 하면 응당 발심하여 이와 같이 말하기를 '허공이 다하도록 일체 중생을 내가 모두 구경의 원각에 들게 하되, 원각 가운데 깨달음을 취한 것이 없어서 저 아상이니 인상이니 하는 일체 모든 상을 없게 하리다.' 하고 이와 같이 발심하면 삿된 견해에 떨어지지 않을 것이다."

 이때에 세존께서 거듭 이 뜻을 베풀어 펴시려고 게송으로 말씀하셨다.

普覺汝當知
末世諸眾生
欲求善知識
應當求正覺
心遠二乘者
法中除四病
謂作止任滅
親近無憍慢
遠離無瞋恨
見種種境界
心當生希有
還如佛出世
不犯非律儀
戒根永清淨
度一切眾生
究竟入圓覺
無彼我人相

보각아, 그대가 마땅히 알아라

말세 모든 중생이

선지식을 구하고자 한다면

응당 바른 깨달음의 사람을 구하되

마음에 이승을 멀리하는 이로 하여야 하느니라

법 가운데 네 가지 병을 없앨 것이니

짓고 그치고 맡기고 없앰을 말한 것이니라

친히 가까이 하여도 교만이 없게 하며

멀리 여의더라도 성내고 원통해 함이 없으며

갖가지 경계를 보아도

마땅히 희유한 마음을 내어서

도리어 부처님이 출세한 것과 같이 할 것이니라

계율[律儀] 아닌 것에도 범하지 않으면

계(戒)의 근본이 영원히 청정하니라

일체 중생을 제도하여

구경의 원각에 들어

저 아상이니 인상이니 하는 상이 없이

常依止智慧
便得超邪見
證覺般涅槃

항상 지혜를 의지하면
문득 삿된 견해를 초월해서
증득한 깨달음인 열반을 얻으리라

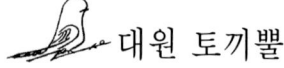 대원 토끼뿔

어찌해야 바른 스승을 만나서 네 가지 병을 여의어 저 원각의 성품을 회복하겠습니까?

보석 속 빛과 같은 광명을
즐기다 취하려고 쫓음으로
능소 생겨 중생계 이뤄졌네

능소 없는 광명임을 아는 때가
정토사바 따로 없는 때이니
회복하여 영원히 누릴진저

능소 없는 그 광명 알고픈가
눈 덮인 앞동산에 푸른 솔이
통쾌히 일러주고 서 있네

제3권

제11. 원각보살장

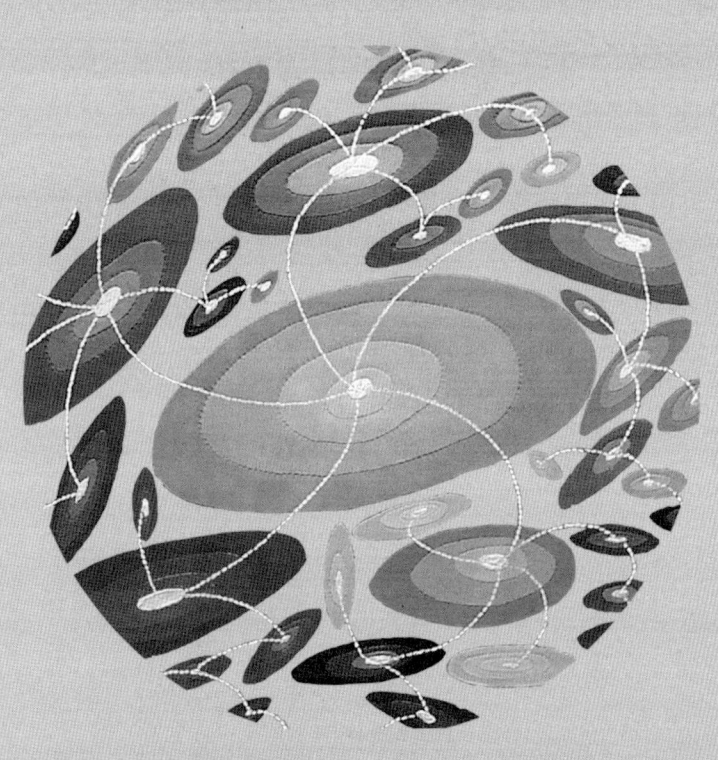

十一. 圓覺 章

於是 圓覺菩薩 在大衆中 卽從座起 頂禮佛足 右遶三匝 長跪叉手 而白佛言

大悲世尊 爲我等輩 廣說淨覺 種種方便 令末世衆生 有大增益 世尊 我等 今者 已得開悟 若佛滅後 末世衆生 未得悟者 云何安居 修此圓覺 淸淨境界 此圓覺中 三種淨觀 以何爲首

唯願大悲 爲諸大衆 及末世衆生 施大饒益

제11. 원각보살장

이에 원각보살이 대중 가운데 있다가 곧 자리에서 일어나 부처님의 발에 정례하고 오른쪽으로 세 번을 돌고 존중히 꿇어앉아 차수하며 부처님께 사뢰어 말하였다.

"대비하신 세존께서 저희들을 위하여 널리 청정한 깨달음의 갖가지 방편을 말씀하시어 말세 중생으로 하여금 더욱 큰 이익이 있게 하시니 세존이시여, 저희들은 이제 이미 깨달아 열림을 얻었으나 만일 부처님께서 열반에 드신 후에 말세 중생 중 깨달음을 얻지 못한 이는 어떻게 안거하여 이 원각의 청정한 경계를 닦으며, 이 원각 가운데 세 종류의 청정한 관행은 무엇으로써 으뜸이 됩니까?

오직 원하건대 대비로 여러 대중과 말세 중생을 위하여 크고 넉넉한 이익을 베풀어 주십시오."

作是語已 五體投地 如是三請 終而復始 爾時 世尊 告圓覺菩薩言

善哉善哉 善男子 汝等 乃能問於如來 如是方便 以大饒益 施諸眾生 汝今諦聽 當爲汝說

時 圓覺菩薩 奉敎歡喜 及諸大眾 默然而聽

善男子 一切眾生 若佛住世 若佛滅後 若法末時 有諸眾生 具大乘性 信佛祕密 大圓覺心 欲修行者 若在伽藍 安處徒眾 有緣事故 隨分思察 如我已說 若復無有他事因緣 卽建道場

이 말을 하고 나서 오체투지(五體投地)하며 이와 같이 세 번 청하여 마치니, 이때에 세존께서 원각보살에게 일러 말씀하셨다.

"착하고 착하다. 선남자여, 그대들이 이에 능히 여래의 이와 같은 방편을 물어서 크고 넉넉한 이익으로써 모든 중생에게 베풀어 주려 하니, 그대들은 이제 자세히 들어라. 마땅히 그대들을 위해 설하리라."

이때에 원각보살이 가르침을 받들어 기뻐하며 모든 대중들과 묵연히 들었다.

"선남자야, 일체 중생이 만일 부처님이 세상에 계실 때거나 만일 부처님이 멸도하신 뒤이거나 만일 말법시대에 모든 중생이 있어 대승의 성품을 갖추어 부처님의 비밀한 대원각의 마음을 믿어서 수행하고자 하는 이가 만일 가람에 있으면, 대중들과 편안히 거처하며 인연이 있는 일에는 처지에 맞게 생각하여 살펴서 내가 이미 말한 것과 같이 할 것이며, 만일 다시 다른 일에 인연이 없거든 곧 도량을 세우되,

當立期限 若立長期 百二十日 中期 百日 下期 八十日

安置淨居 若佛現在 當正思惟 若佛滅後 施設形像 心存目想 生正憶念 還同如來常住之日 懸諸幡花 經三七日 稽首十方諸佛名字 求哀懺悔 遇善境界 得心輕安

過三七日 一向攝念 若經夏首 三月安居 當為清淨菩薩止住 心離聲聞 不假徒眾 至安居日 即於佛前 作如是言

마땅히 기한을 세워야 할 것이니, 만일 긴 기간을 세울진대 백이십 일이요, 중간의 기간은 백 일이요, 짧은 기간은 팔십 일이다.

 깨끗한 거처를 편안한 데 두어서 만일 부처님이 세상에 계시거든 맞이하여 바른 사유를 해야 할 것이며, 만일 부처님이 열반한 후이거든 형상을 시설하고 마음에 두고 눈여겨 생각하며 바르게 억념(憶念)해야 할 것이니, 여래가 항상 계시는 날과 같이 하여 모든 번(幡)과 꽃을 달고 삼칠일을 지나도록 시방의 모든 부처님의 이름자에 머리를 조아려서 슬피 참회함으로 구하면, 좋은 경계를 만나서 마음이 가볍고 편안함을 얻으리라.

 삼칠일을 지내도록 한결같이 향해서 생각을 조절하되 만일 여름 안거를 지내서 석 달간을 편안히 머물려거든, 마땅히 청정한 보살이 머무는 바에 머무르되 마음은 성문을 여의며 무리를 짓지 말아야 한다. 안거일이 되면 곧 부처님 앞에 이와 같이 말하되,

我比丘比丘尼 優婆塞優婆夷 某甲 踞菩薩乘 修
寂滅行 同入清淨實相住持 以大圓覺 為我伽藍
身心安居 平等性智 涅槃自性 無繫屬故

今我敬請 不依聲聞 當與十方如來 及大菩薩 三
月安居 為修菩薩 無上妙覺大因緣故 不繫徒眾

善男子 此名菩薩 示現安居 過三期日 隨往無礙

善男子 若彼末世 修行眾生 求菩薩道 入三期者
非彼所聞 一切境界 終不可取

'우리 비구, 비구니와 우바새, 우바이인 아무개는 보살승(菩薩乘)을 의지하여 적멸(寂滅)한 수행을 닦아 청정한 실상(實相)에 함께 들어 머물러 지녀서 대원각으로써 저의 가람을 삼아 몸과 마음이 편안히 머무르되 평등성지와 열반자성에도 얽매임이 없게 하겠습니다.

그러므로 이제 제가 공경히 청하니, 성문을 의지하지 않고 마땅히 시방 여래 및 대보살과 더불어 석 달간을 안거하여 보살의 위없는 묘각을 닦는 큰 인연이 된 까닭으로 대중에게도 얽매이지 않겠습니다.'라고 하라.

선남자야, 이것을 보살이 나투어 보인 안거라 이름하니 세 기간의 날을 지내서야 향함을 따라 걸림이 없을 것이다.

선남자야, 만일 저 말세의 수행하는 중생이 보살도를 구하여 세 기간에 들어간 이는 저 들은 바가 아니면 일체 경계를 마침내 가히 취하지 말아야 한다.

善男子 若諸眾生 修奢摩他 先取至靜 不起思念 靜極便覺 如是初靜 從於一身 至一世界 覺亦如是

善男子 若覺 遍滿一世界者 一世界中 有一眾生 起一念者 皆悉能知 百千世界 亦復如是 非彼所聞 一切境界 終不可取

善男子 若諸眾生 修三摩鉢提 先當憶想十方如來 十方世界一切菩薩 依種種門 漸次修行 勤苦三昧 廣發大願 自熏成種 非彼所聞 一切境界 終不可取

선남자야, 만일 모든 중생이 사마타를 닦되 먼저 지극히 고요함을 취하여 생각을 일으키지 않으면 고요함이 지극한 데서 문득 깨닫는 것이니, 이와 같이 처음 고요함이 한 몸으로 좇아 한 세계에 이르리니 깨달음도 또한 이와 같다.

 선남자야, 만일 깨달음이 한 세계에 두루 가득한 이는 한 세계 가운데 한 중생이 한 생각 일으킴도 모두 다 능히 알며 백천 세계도 또한 다시 이와 같으리니, 저 들은 바가 아니면 일체 경계를 마침내 가히 취하지 말아야 한다.

 선남자야, 만일 모든 중생이 삼마발제를 닦으려 하면, 먼저 마땅히 시방 여래와 시방세계 일체 보살을 기억하고 갖가지 문을 의지하여 점차로 수행할 것이며, 애써 부지런히 삼매에서 큰 원을 널리 발하여 스스로 훈습하여 종자를 이루어야 할 것이니, 저 들은 바가 아니면 일체 경계를 마침내 가히 취하지 말아야 한다.

善男子 若諸眾生 修於禪那 先取數門 心中　了知 生住滅念 分齊頭數 如是周遍 四威儀中　分別念數 無不了知 漸次增進 乃至得知百千世界一滴之雨 猶如目覩所受用物 非彼所聞　一切境界 終不可取

是名三觀初首方便　若諸眾生 遍修三種 勤行精進 卽名如來 出現于世

선남자야, 만일 모든 중생이 선나를 닦으려 하면 먼저 수문(數門)15)을 취하여 마음 가운데 나고 머물고 없어지는 생각과 나누고 가지런히 하는 머릿수를 알아 마쳐서[頭數] 이와 같이 두렷이 두루하면 사위의(四威儀) 가운데 분별하고 생각하는 수까지도 밝게 알지 못함이 없어서 점차로 더 나아가서는 내지 백천 세계의 한 방울의 비까지라도 알기를 마치 눈으로 보고 받아쓰는 바 물건과 같이 할 것이니, 저들은 바가 아니면 일체 경계를 마침내 가히 취하지 말아야 한다.

　이것을 삼관(三觀)의 첫째 방편이라 이름한다. 만일 모든 중생이 두루 세 가지 종류를 닦아서 부지런히 정진을 행하면 곧 여래가 세상에 출현했다 이름한다.

---

15) 수문(數門) : 수(數)에는 등급, 구분의 뜻이 있다. 소승, 중승, 대승, 최상승의 각각의 문(門) 중에서 원각경의 수행이므로 최상승의 문을 취해 수행해야 한다.

若後末世 鈍根眾生 心欲求道不得成就 由昔業障
當勤懺悔 常起希望 先斷憎愛 嫉妬諂曲 求勝上
心

三種淨觀 隨學一事 此觀不得 復習彼觀 心不放
捨 漸次求證 爾時 世尊 欲重宣此義 而說偈言

圓覺汝當知
一切諸眾生
欲求無上道
先當結三期
懺悔無始業
經於三七日

만일 후 말세에 둔한 근기의 중생이 마음에 도를 구하고자 하나 성취함을 얻지 못함은 옛 업장을 인함이니, 마땅히 부지런히 참회하여 늘 희망을 일으켜서 먼저 미워하고 사랑하며, 질투하고 아첨하는 바르지 못함을 끊고 수승한 마음을 구해야 한다.

세 가지 청정한 관행으로 온통 전념해서 본받아 익힘으로 따랐으나, 이 관행에서 얻지 못하거든 다시 저 관행으로 익힐지니 마음에 놓아버리지 말고 점차로 증득함을 구해야 한다."

이때에 세존께서 거듭 이 뜻을 베풀어 펴시려고 게송으로 말씀하셨다.

원각아, 그대가 마땅히 알아라
일체 모든 중생이
위없는 도를 구하고자 한다면
먼저 마땅히 세 기간을 맺어서
비롯함이 없는 업을 참회하는
삼칠일을 지난 연후에

然後正思惟
非彼所聞境
畢竟不可取
奢摩他至靜
三摩正憶持
禪那明數門
是名三淨觀
若能勤修習
是名佛出世
鈍根未成者
常當勤心懺
無始一切罪
諸障若銷滅
佛境便現前

바르게 사무쳐 생각하되
저 들은 바 경계가 아니어든
끝내 취하지 말 것이니라
사마타의 지극히 고요한 것과
삼마제의 바르게 생각해 가진 것과
선나의 도리를 구별함이 밝은
이것을 세 가지 청정한 관이라 이름하니
만일 능히 부지런히 닦아 환하게 깨달아 알면
이것을 부처님이 출세했다 이름하느니라
둔한 근기여서 성취하지 못하는 이는
항상 마땅히 부지런한 마음으로
비롯함이 없는 일체 죄업을 참회해야 할 것이니
모든 장애가 만일 소멸되면
부처의 경계가 문득 앞에 나타나리라

 대원 토끼뿔

어떻게 해야 삼관문을 한때 통과함을 얻겠습니까?

사마타의 지극히 고요한 관조 속에 한 번 웃고
삼마발제의 지극히 바른 생각의 관조 속에 한 번 웃고
선나의 최상승의 관조 속에 웃다
아차차!
(묵연히 서 있다가 걸어가는 실증이 있을 것일세.)

제3권

제12. 현선수보살장

十二. 賢善首 章

於是 賢善首菩薩 在大眾中 即從座起 頂禮佛足 右遶三匝 長跪叉手 而白佛言

大悲世尊 廣為我等 及末世眾生 開悟如是不思議事 世尊 此大乘教 名字何等 云何奉持 眾生修習 得何功德 云何使我 護持經人 流布此教 至於何地

作是語已 五體投地 如是三請 終而復始 爾時 世尊 告賢善首菩薩言

제12. 현선수보살장

이에 현선수보살이 대중 가운데 있다가 곧 자리에서 일어나 부처님의 발에 정례하고 오른쪽으로 세 번을 돌고 존중히 꿇어앉아 차수하며 부처님께 사뢰어 말하였다.

"대비하신 세존께서 널리 저희들과 말세 중생을 위하여 이와 같이 생각으로는 헤아릴 수 없는 일을 열어 깨닫게 하시니 세존이시여, 이 대승을 가르치는 이름자가 무엇이고, 어떻게 받들어 지니며, 중생이 닦아 익히면 무슨 공덕을 얻고, 어떻게 저희들로 하여금 경을 지닌 사람을 보호하게 하며, 이 가르침을 유포하면 어떤 경지에 이르게 됩니까?"

이 말을 하고 나서 오체투지(五體投地)하며 이와 같이 세 번 청하여 마치니, 이때에 세존께서 현선수보살에게 일러 말씀하셨다.

善哉善哉 善男子 汝等 乃能爲諸菩薩 及末世衆生 問於如來如是經教 功德名字 汝今諦聽 當爲汝說

時 賢善首菩薩 奉教歡喜 及諸大衆 默然而聽

善男子 是經 百千萬億恒河沙諸佛所說 三世如來之所守護 十方菩薩之所歸依 十二部經 清淨眼目

是經 名大方廣圓覺陀羅尼 亦名修多羅了義 亦名祕密王三昧 亦名如來決定境界 亦名如來藏自性差別 汝當奉持 善男子 是經 唯顯如來境界 唯佛如來 能盡宣說

"착하고 착하다. 선남자여, 그대들이 모든 보살과 말세 중생을 위하여 여래에게 이와 같이 경의 가르침의 공덕과 이름자를 물으니, 그대들은 이제 자세히 들어라. 마땅히 그대들을 위해 설하리라."

이때에 현선수보살이 가르침을 받들어 기뻐하며 모든 대중들과 묵연히 들었다.

"선남자야, 이 경은 백천만억 항하사 모든 부처님의 말씀한 바며, 삼세여래의 보호해 지킨 바며, 시방 보살의 돌아가 의지하는 바며, 십이부경의 청정한 안목이다.

이 경은 이름이 '대방광원각다라니'며, 또한 이름이 '수다라요의'며, 또한 이름이 '비밀왕삼매'며, 또한 이름이 '여래결정경계'며, 또한 이름이 '여래장자성차별'이니, 그대들은 마땅히 받들어 지녀라.

선남자야, 이 경은 오직 여래의 경계만을 드러냈으니 오직 부처님만이 능히 다 베풀어 말한다.

若諸菩薩 及末世眾生 依此修行 漸次增進 至於佛地

善男子 是經 名為頓教大乘 頓機眾生 從此開悟 亦攝漸修一切群品 譬如大海 不讓小流乃至蚊虻 及阿修羅 飲其水者 皆得充滿

善男子 假使有人 純以七寶 積滿三千大千世界 以用布施 不如有人 聞此經名 及一句義

善男子 假使有人 教百千恒河沙眾生 得阿羅漢果 不如有人 宣說此經 分別半偈

만일 모든 보살과 말세 중생이 이를 의지해 수행하면 점차로 더 나아가져서 부처의 경지에 이를 것이다.

선남자야, 이 경은 돈교대승(頓教大乘)이라 이름하니, 돈오할 수 있는 근기의 중생이 이로 좇아 열어 깨달으며 또한 점차 닦는 일체 여러 근기들까지도 섭수한다.

비유하건대 큰 바다가 작은 냇물까지도 사양하지 않아서 모기와 등에 및 아수라까지라도 그 물을 마시는 자가 다 충만함을 얻음과 같다.

선남자야, 가령 어떤 사람이 순전히 칠보로써 삼천대천세계에 가득 쌓아서 보시할지라도 어떤 사람이 이 경의 이름과 한 구절의 뜻을 듣는 것만 같지 못하다.

선남자야, 가령 어떤 사람이 백천 항하사수의 중생을 교화하여 아라한과를 얻게 할지라도 어떤 사람이 이 경의 게송의 반 구절만이라도 베풀어 설해 주는 것만 같지 못하다.

善男子 若復有人 聞此經名 信心不惑 當知是人 非於一佛二佛 種諸福慧 如是乃至盡恒河沙一切佛所 種諸善根 聞此經教

汝善男子 當護末世是修行者 無令惡魔 及諸外道 惱其身心 令生退屈

爾時 世尊 欲重宣此義 而說偈言

賢善首當知
是經諸佛說
如來善護持
十二部眼目

선남자야, 만일 다시 어떤 사람이 이 경의 이름을 듣고 마음에 믿어 의심하지 않으면 마땅히 알아라. 이 사람은 한 부처님, 두 부처님에게만 모든 복과 지혜를 심은 것이 아니라, 이와 같이 온 항하사수의 일체 부처님 처소에 모든 선근을 심어서 이 경의 가르침을 들은 것이다.

그대들 선남자는 마땅히 말세의 이 수행하는 이를 보호하여 악마와 모든 외도들이 그 몸과 마음을 수고롭게 함으로 물러남이 없게 하라."

이때에 세존께서 거듭 이 뜻을 베풀어 펴시려고 게송으로 말씀하셨다.

현선수야, 마땅히 알아라
이 경은 모든 부처님이 말한 것이며
여래가 잘 보호해 지니는 것이며
십이부의 안목이라

名爲大方廣
圓覺陀羅尼
現如來境界
依此修行者
增進至佛地
如海納百川
飮者皆充滿
假使施七寶
積滿三千界
不如聞此經
若化河沙衆
皆得阿羅漢
不如宣半偈
汝等於來世
護是宣持者
無令生退屈

이름이 대방광원각다라니가 되니
여래의 경계를 나툼이니라
이를 의지해 수행하는 이는
점점 나아가 부처의 경지에 이르리라
바다가 모든 냇물을 받아들임과 같아서
마시는 이가 모두 충만하게 되느니라
가사 칠보를 보시하여
삼천세계에 쌓아 가득차게 할지라도
이 경을 듣는 것만 같지 못하며
만일 항하사수의 중생을 교화하여
다 아라한을 얻게 할지라도
게송의 반 구절만이라도 설해 주는 것만 같지 못하니
그대들은 오는 세상에서
올바르게 베풀어 설하고 지니는 이를 보호하여
물러날 생각이 나지 않게 하라

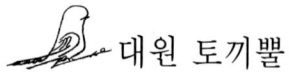 대원 토끼뿔

현선수보살장의 뜻을 요약해 일러 주십시오.

항상 근원 바탕을 관조하여
바탕에 어기지를 않는 함이
일상이게 실천한 것이니라

어찌해야 그렇게 되겠습니까?

거북이는 기어서 가고 있고
홍학은 자질해 날아가며
사람들은 뚫을 곤자로 걸어간다
험!

차사(此事)

이 일이라면 논하지를 말라
온통 드러나지 않은 적 없다
매미 합창을 하고
푸른 솔 어깨 춤일세

爾時會中 有火首金剛 摧碎金剛 尼藍婆金剛等八
萬金剛 幷其眷屬 卽從座起 頂禮佛足 右繞三匝
而白佛言

世尊 若後末世 一切衆生 有能持此決定大乘 我
當守護 如護眼目 乃至道場所修行處 我等金剛
自領徒衆 晨夕守護 令不退轉 其家 乃至永無災
障 疫病 銷滅 財寶豐足 常不乏少

爾時 大梵天王 二十八天王 幷須彌山王 護國天
王等 卽從座起 頂禮佛足 右繞三匝 而白佛言

이때 회상 가운데 화수금강과 최쇄금강과 니람파 금강 등 팔만금강이 그 권속들과 함께 자리에서 일어나 부처님의 발에 정례하며 오른쪽으로 세 번을 돌고 부처님께 사뢰어 말하였다.

"세존이시여, 만일 후(後) 말세의 일체 중생이 이 대승을 결정해서 받아 지닌 이가 있으면, 저희가 마땅히 보호하고 수호하기를 눈을 보호해 지키듯 하며, 내지 수행하는 곳인 도량까지라도 저희들 금강이 스스로 대중을 거느리고 이른 새벽부터 늦은 저녁까지 보호해 지켜서 퇴전하지 않게 할 것이며, 그 집에 영원히 재난과 장애가 없고 전염병까지도 없게 하며, 보배와 재물이 풍족하여 늘 모자람이 없게 하겠습니다."

이때에 대범천왕과 이십팔 천왕과 아울러 수미산왕과 호국천왕 등이 곧 자리에서 일어나 부처님의 발에 정례하며 오른쪽으로 세 번을 돌고 부처님께 사뢰어 말하였다.

世尊 我亦守護是持經者 常令安隱 心不退轉

爾時 有大力鬼王 名吉槃茶 與十萬鬼王 即從座起 頂禮佛足 右繞三匝 而白佛言

世尊 我亦守護是持經人 朝夕侍衛 令不退屈 其人所居一由旬內 若有鬼神 侵其境界 我當使其碎如微塵

佛 說此經已 一切菩薩 天龍鬼神 八部眷屬 及諸天王梵王等一切大眾 聞佛所說 皆大歡喜 信受奉行

"세존이시여, 저희도 또한 이 경을 지닌 이는 이를 보호해 지켜서 늘 편안하게 하여 마음이 퇴전하지 않게 하겠습니다."

이때에 길반다라는 대력귀왕이 있어 십만 귀왕과 더불어 곧 자리에서 일어나 부처님의 발에 정례하고 오른쪽으로 세 번을 돌고 부처님께 사뢰어 말하였다.

"세존이시여, 저희도 또한 이 경을 지니는 사람을 보호해 지켜서 조석으로 호위하여 그로 하여금 퇴굴치 않게 하며, 그 사람의 사는 바 일유순 안에 만일 귀신이 그 경계에 침범함이 있으면 저희가 마땅히 그 귀신을 쳐부숴 티끌과 같게 하겠습니다."

부처님께서 이 경을 말씀해 마치시니 일체 보살과 천(天)·용(龍)·귀(鬼)[16]·천제[神]와 팔부권속과 여러 천왕과 범왕 등 일체 대중이 부처님의 말씀하신 바를 듣고 다 크게 기뻐하여 믿어 받아 받들어 행하였다.

---

16) 귀(鬼) : 불가사의한 힘을 가진 인격자 귀(鬼).

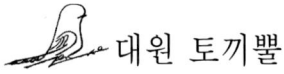 대원 토끼뿔

어찌해야 이 경을 잘 받아 지님이 되겠습니까?

잘 받아 지님이란 것 없고
없다 한 그런 것도 없어서
말과 비유 그마저 못 섬일세
악!

이상의 경지여야
진실한 신수봉행
실천이라 할걸세

대원송(大○頌)

청정한 본래 자연의
이러-히 원상 가운데 앎을
오가는 모습으로 논하지를 말아라
삼삼은 뒤집어도 아홉일 뿐이니라

부록은 농선 대원 선사님의 인가 내력과 법어, 그리고 대원 선사님께서 직접 작사하신 노래 가사를 실었다. 특히 요즘 선지식 없이 공부하는 이들을 위하여 수행의 길로부터 불보살님의 누림까지 닦아 증득할 수 있도록 '부록4'에 '가슴으로 부르는 불심의 노래' 가사를 담았으니, 끝까지 정독하여 수행의 요긴한 지침이 되기를 바란다.

부 록

부록1. 농선 대원 선사님 인가 내력 273
부록2. 농선 대원 선사님 법어 282
부록3. 21세기에 인류가 해야 할 일 317
부록4. 가슴으로 부르는 불심의 노래 321

농선 대원 선사님 인가 내력

제 1 오도송

이 몸을 끄는 놈 이 무슨 물건인가?
골똘히 생각한 지 서너 해 되던 때에
쉬이하고 불어온 솔바람 한 소리에
홀연히 대장부의 큰 일을 마치었네

무엇이 하늘이고 무엇이 땅이런가
이 몸이 청정하여 이러-히 가없어라
안팎 중간 없는 데서 이러-히 응하니
취하고 버림이란 애당초 없다네

하루 온종일 시간이 다하도록
헤아리고 분별한 그 모든 생각들이
옛 부처 나기 전의 오묘한 소식임을
듣고서 의심 않고 믿을 이 누구인가!

此身運轉是何物
疑端汨沒三夏來
松頭吹風其一聲
忽然大事一時了

何謂靑天何謂地
當體淸淨無邊外
無內外中應如是
小分取捨全然無

一日於十有二時
悉皆思量之分別
古佛未生前消息
聞者卽信不疑誰

농선 대원 선사님의 스승이신 불조정맥 제77조 조계종(曹溪宗) 전강(田岡) 대선사님께서 1962년 대구 동화사의 조실로 계실 당시

대원 선사님께서도 동화사에 함께 머무르고 계셨다.

하루는 전강 대선사님께서 대원 선사님의 3연으로 되어 있는 제1오도송을 들어 깨달은 바는 분명하나 대개 오도송은 짧게 짓는다고 말씀하셨다. 이에 대원 선사님께서는 제1오도송을 읊은 뒤, 도솔암을 떠나 김제들을 지나다가 석양의 해와 달을 보고 문득 읊었던 제2오도송을 일러드렸다.

　　제 2 오도송

해는 서산 달은 동산 덩실하게 얹혀 있고
김제의 평야에는 가을빛이 가득하네
대천이란 이름자도 서지를 못하는데
석양의 마을길엔 사람들 오고 가네

日月兩嶺載同模
金提平野滿秋色
不立大千之名字
夕陽道路人去來

제2오도송을 들으신 전강 대선사님께서는 이에 그치지 않고 그와 같은 경지를 담은 게송을 이 자리에서 즉시 한 수 지어볼 수 있겠냐고 하셨다. 대원 선사님께서는 곧바로 다음과 같이 읊으셨다.

바위 위에는 솔바람이 있고
산 아래에는 황조가 날도다
대천도 흔적조차 없는데
달밤에 원숭이가 어지러이 우는구나

岩上在松風
山下飛黃鳥
大千無痕迹
月夜亂猿啼

 전강 대선사님께서는 위 송의 앞의 두 구를 들으실 때만 해도 지그시 눈을 감고 계시다가 뒤의 두 구를 마저 채우자 문득 눈을 뜨고 기뻐하는 빛이 역력하셨다.
 그러나 전강 대선사님께서는 여기에서도 그치지 않고 다시 한 번 물으셨다.
 "대중들이 자네를 산으로 불러내어 그 중에 법성(향곡 스님 법제자인 진제 스님. 동화사 선방에 있을 당시에 '법성'이라 불렸고, 나중에 '법원'으로 개명하였다.)이 달마불식(達磨不識) 도리를 일러보라 했을 때 '드러났다'라고 답했다는데, 만약에 자네가 당시의 양무제였다면 '모르오'라고 이르고 있는 달마 대사에게 어떻게 했겠는가?"
 대원 선사님께서 답하셨다.

"제가 양무제였다면 '성인이라 함도 서지 못하나 이러-히 짐의 덕화와 함께 어우러짐이 더욱 좋지 않겠습니까?' 하며 달마 대사의 손을 잡아 일으켰을 것입니다."

전강 대선사님께서 탄복하며 말씀하셨다.

"어느새 그 경지에 이르렀는가?"

"이르렀다곤들 어찌하며, 갖추었다곤들 어찌하며, 본래라곤들 어찌 하리까? 오직 이러-할 뿐인데 말입니다."

대원 선사님께서 연이어 말씀하시자 전강 대선사님께서 이에 환희하시니 두 분이 어우러진 자리가 백아가 종자기를 만난 듯, 고수 명창 어울리듯 화기애애하셨다.

달마불식 공안에 대한 위의 문답은 내력이 있는 것이다. 전강 대선사님께서 대원 선사님을 부르시기 며칠 전에, 저녁 입선 시간 중에 노장님 몇 분만이 자리에 앉아있을 뿐 자리가 텅텅 비어 있었다고 한다.

대원 선사님께서 이상히 여기고 있던 중, 밖에서 한 젊은 수좌가 대원 선사님을 불렀다. 그 수좌의 말이 스님들이 모두 윗산에 모여 기다리고 있으니 가자고 하기에 무슨 일인가 하고 따라가셨다.

그러자 그 자리에 있던 법성 스님이 보자마자 달마불식 법문을 들고 이르라고 하기에 지체없이 답하셨다.

"드러났다."

곁에 계시던 송암 스님께서 또 안수정등 법문을 들고 물으셨다.

"여기서 어떻게 살아나겠소?"

대뜸 큰소리로 이르셨다.

"안·수·정·등."

이에 좌우에 모인 스님들이 함구무언(緘口無言)인지라 대원 선사님께서는 먼저 그 자리를 떠나 내려와 버리셨다.

그 다음날 입승인 명허 스님께서 아침 공양이 끝난 자리에서 지난 밤 입선시간 중에 무단으로 자리를 비운 까닭을 묻는 대중 공사를 붙여 산 중에서 있었던 일들이 낱낱이 드러나고 말았다.

그리하여 입선시간 중에 자리를 비운 스님들은 가사 장삼을 수하고 조실인 전강 대선사님께 참회의 절을 했던 일이 있었다.

전강 대선사님께서는 이때에 대원 선사님께서 달마불식 도리에 대해 일렀던 경지를 점검하셨던 것이다.

이런 철저한 검증의 자리가 있었던 다음 날, 전강 대선사님께서 부르시기에 대원 선사님께서 가보니 모든 것이 약조된 데에서 주지인 월산(月山) 스님께서 입회해 계셨으며 전강 대선사님께서는 곧바로 다음과 같이 전법게(傳法偈)를 전해주셨다.

전 법 게

부처와 조사도 일찍이 전한 것이 아니거늘
나 또한 어찌 받았다 하며 준다 할 것인가
이 법이 2천년대에 이르러서
널리 천하 사람을 제도하리라

佛祖未曾傳
我亦何受授
此法二千年
廣度天下人

덧붙여 이 일은 월산 스님이 증인이며 2000년까지 세 사람 모두 절대 다른 사람이 알게 하거나 눈에 띄게 하지 않아야 한다고 당부하셨다. 만약 그러지 않을 시에는 대원 선사님께서 법을 펴 나가는 데 장애가 있을 것이라고 예언하셨다. 또한 각별히 신변을 조심하라 하시고 월산 스님에게 명령해 대원 선사님을 동화사의 포교당인 보현사에 내려가 교화에 힘쓰게 하셨다.

대원 선사님께서 보현사로 떠나는 날, 전강 대선사님께서는 미리 적어두셨던 부송(付頌)을 주셨으니 다음과 같다.

　　부 송

어상을 내리지 않고 이러-히 대한다 함이여
뒷날 돌아이가 구멍 없는 피리를 불리니
이로부터 불법이 천하에 가득하리라

不下御床對如是
後日石兒吹無孔
自此佛法滿天下

위의 게송에서 '어상을 내리지 않고 이러-히 대한다 함이여'라는 첫째 줄 역시 내력이 있는 구절이다.

전에 대원 선사님께서 전강 대선사님을 군산 은적사에서 모시고 계실 당시 마당에서 홀연히 마주쳤을 때 다음과 같은 문답이 있었다.

전강 대선사님께서 물으셨다.

"공적(空寂)의 영지(靈知)를 이르게."

대원 선사님께서 대답하셨다.

"이러-히 스님과 대담(對談)합니다."

"영지의 공적을 이르게."

"스님과의 대담에 이러-합니다."

"어떤 것이 이러-히 대답하는 경지인가?"

"명왕(明王)은 어상(御床)을 내리지 않고 천하 일에 밝습니다."

위와 같은 문답 중에 대원 선사님께서 답하신 경지를 부송의 첫째 줄에 담으신 것이다.

전강 대선사님께서 대원 선사님을 인가(印可)하신 과정을 볼 때 한 번, 두 번, 세 번을 확인하여 철저히 점검하신 명안종사의 안목에 탄복하지 않을 수 없으며 이에 끝까지 1초의 머뭇거림도 없이 명철하셨던 대원 선사님께 찬탄하지 않을 수 없다.

그리하여 법열로 어우러진 두 분의 자리가 재현된 듯 함께 환희용약하지 않을 수 없다.

이제 전강 대선사님과 약속한 2천년대를 맞이하였으므로 여기에 전법게를 밝힌다.

이로써 경허, 만공, 전강 대선사님으로 내려온 근대 대선지식의 정법의 횃불이 이 시대에 이어져 전강 대선사님의 예언대로 불법이 천하에 가득할 것이다.

농선 대원 선사님 법어

깨달음은 실증실수다. 그러나 지금의 불교가 잘못된 견해와 지식으로 불조의 가르침을 왜곡하고 견성성불 하고자 애쓰는 수행인들을 오히려 길을 잃고 헤매게 하고 있다.

그래서 이 장에서는 대원 선사님의 혜안으로 제방에서 논의되는 불교의 핵심적인 대목을 밝혀, 불조의 근본 종지를 드러내고 불교가 나아가야 할 바를 보였다.

깨달음의 정수를 담은 12게송은 실제 깨닫지 못하고 말로만 깨달음을 말하거나 혹은 깨달았다 해도 보림이 미진한 이들을 경계하게 하며 실증의 바탕에서 닦아 증득할 수 있도록 하였으니 생사를 결단하고 본연한 참나를 회복하려는 이들에게 칠흑 같은 밤길에 등불과 같은 길잡이가 될 것이다.

개유불성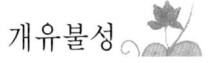

부처님께서 분명히 준동함령 개유불성(蠢動含靈 皆有佛性)이라고 하셨다. 이것은 모든 만물이 다 부처가 될 성품을 갖고 있다는 뜻이다. 불성이 하나라고 주장하는 목소리가 불교계에 드높으나 이것은 개유불성 즉, 낱낱이 제 불성은 제가 지니고 있다는 부처님의 말씀을 정면으로 어기는 말이다.

옛 선사님 말씀에 '천지(天地)가 여아동근(與我同根)이고 만물(万物)이 여아일체(與我一切)'라고 했다. '천지가 여아동근이다'라는 것은 하늘 땅이 나와 더불어 같은 뿌리라는 말이다.

'나와 더불어'라고 했고 또한 한 뿌리가 아니라 같은 뿌리라고 했다. '더불 여(與)'자와 '같을 동(同)'자가 이미 하나라 할 수 없다는 것을 말해주고 있다. 즉 이 말은 하나와도 같다, 한결같이 똑같다는 말이다. 하나라면 '같을 동'자 뿐만 아니라 일이란 글자도 설 수 없다. 일은 이가 있을 때에야 비로소 설 수 있는 것이다.

그러므로 '천지가 여아동근이다' 즉 하늘과 땅이 나와 더불어 같은 뿌리라는 것은 모든 것이 한결같이 가없는 성품 자체에서 비롯되었다는 말이다.

또한 '만물이 여아일체이다' 즉 만물이 나와 더불어 한 몸이라는 말에서 일체란 하나의 몸을 말하는 것이 아니라 모든 불성이 가없는 성품 자체로 서로 상즉한 온통인 몸을 말하는 것이어서 만물이 나와 더불어 상즉한 자체를 말한 것이다.

공부를 많이 한 사람이 외도에 깊이 떨어지는 경우가 있다. 인가를 받지 못한 선지식들이 모두 체성을 보지 못한 이는 아니다. 가없는 성품 자체에 사무치고 보니 도저히 둘일 수가 없으므로 불성이 하나라고 한 것이다. 그러나 불성이 하나라고 하는 것은 바른 깨달음이 아니다. 그래서 인가를 받지 않으면 외도라 하는 것이다. 체성에 사무쳤다 해도 스승의 지도를 받아 일체종지를 이루지 못하면 이런 큰 허물을 짓는 것이다.

만약 불성이 하나라고 하는 이가 있으면 "아픈 것을 느끼는 것이 몸뚱이냐, 자성이냐?"라고 물어야 한다. 그러면 당연히 누구나 자성이라고 답할 것이다. 만약 몸뚱이가 아픔을 느끼는 것이라면 시체도 아픔을 느껴야 하기 때문이다. 이렇게 볼 때에 자성이 하나라면 누군가 아플 때 동시에 모두 아픔을 느껴야 할 것이다. 또한 한 사람이 생각을 일으킬 때 이를 모두 알아야 한다. 불성이 하나라면 마음도 하나여서 다른 마음이 있을 수 없기 때문이다.

돈오돈수

제방에 돈오돈수(頓悟頓修)에 대한 여러 가지 서로 다른 주장으로 시비가 끊어지지 않고 있다. 이로 인해 수행자들이 견성하면 더 이상 닦을 것이 없다는 그릇된 견해에 집착하거나 의심을 일으킬까 염려하여 여기에 바른 돈오돈수의 이치를 밝히고자 한다.

견성이 곧 돈오돈수라고 하는 분들이 많다.
그러나 견성이 곧 구경지인 성불이라면 돈오면 그만이지 돈수란 말은 왜 해놓았겠는가?
또한 오후보림(悟後保任)이라는 말은 무슨 말인가?

금강경에는 네 가지 상[我相, 人相, 衆生相, 壽者相]만 여의면 곧 중생이 아니라는 말이 수없이 되풀이되고 있다.
그런데 제구 일상무상분(第九 一相無相分)을 볼 때 다툼이 없는 [곧 모든 상을 여읜] 삼매인(三昧人) 가운데 제일인 아라한도 구경지가 아니니 보살도를 닦아 등각을 거쳐야 구경성불인 묘각지에 이른다는 사실을 알 수 있다.

또한, 제이십삼 정심행선분(第二十三 淨心行善分)을 보면 부처님께서 "아도 없고, 인도 없고, 중생도 없고, 수자도 없는 가운데 모든 선법(善法)을 닦아야 곧 아뇩다라삼먁삼보리를 얻는다."라고 말씀하시고 있으니, 이것은 다름이 아니라 견성한 후에 견성을 한 지혜로써 항상 체성을 여의지 않고, 남은 업을 모두 닦아 본래 갖춘 지혜덕상을 원만하게 회복시켜야 구경성불할 수 있다는 말씀이다.

그렇다면 어째서 돈수일까?
'돈'이란 시공이 설 수 없는 찰나요, '수'란 시간과 공간 속에서 닦는 것이다.
단박에 마친다면 '돈'이면 그만이고, 견성 이전이든 이후든 닦음이 있다면 '수'라고만 할 것이지 어째서 돈과 수가 함께 할 수 있을까? 그야말로 물의 차고 더움은 그 물을 마셔본 자만이 알듯이 깨달은 사람만이 알 것이다.

사무쳐 깨닫고 보니 시공이 서지 않아 이러-히 닦아도 닦음이 없으니 네 가지 상이 없는 가운데 모든 선법을 닦는 것이요, 단박에 깨달으니 색공(色空)이 설 수 없어 이러-한 경지에서 닦음 없이 닦으니 네 가지 상이 없는 가운데 모든 선법을 닦는 것이다.
이와 같이 깨달아서 깨달은 바 없고, 닦아서는 닦은 바 없이 닦아, 남음이 없는 구경지인 성불에 이르는 과정을 돈오돈수라 한다.

견성하면 마음 이외의 다른 물건이 없는 경지인데 어떻게 닦음이 있는가 하고 의심하는 분들이 많다. 그러나 견성했다 해도 헤아릴 수 없는 겁 동안에 길들여온 업으로 인하여 경계를 대하면 깨달아 사무친 바와 늘 일치하지는 못한다.

그래서 견성한 지혜로써 항상 체성을 여의지 않고 억겁에 익혀온 업을 제거하고 지혜덕상을 원만하게 회복시켜야 구경성불할 수 있다.

이것이 앞에서 밝혔듯 금강경에서 부처님께서 하신 말씀이요, 돈오돈수를 주창한 당사자인 육조 대사님께서 하신 말씀이다.

육조단경 돈황본 이십칠 '상대법'편과 이십팔 '참됨과 거짓'편을 보면 육조 대사님께서 당신의 설법언하에 대오하고도 슬하에서 3, 40년간 보림한 십대 제자들을 모아놓고 말씀하신다.

"내가 떠난 뒤에 너희들은 각각 일방의 지도자가 될 것이다. 그러므로 내가 너희들에게 설법하는 것을 가르쳐서 근본종지를 잃지 않도록 해주리라. 나오고 들어감에 곧 양변을 여의도록 하라." 하시고 삼과(三科)의 법문과 삼십육대법(三十六對法)을 설하셨다.

뿐만 아니라 2, 3개월 후 다시 십대 제자들을 모아놓고 "8월이 되면 세상을 떠나고자 하니 너희들은 의심이 있거든 빨리 물어라. 내가 떠난 뒤에는 너희들을 가르쳐 줄 사람이 없다." 하시며 진가동정게(眞假動靜偈)를 설하시고 외워 가져 수행하여 종지를 잃지 않도록 하라고 거듭 당부를 하시고 있다.

이것을 보아서도 이 사람이 말한 돈오돈수와 육조 대사께서 말씀하신 돈오돈수가 같다는 것을 알 수 있을 것이다.

다시 한 번 밝히자면 돈오란 자신의 체성을 단박에 깨닫는 것이요, 돈수란 깨달은 체성의 지혜로써 닦음 없이 닦는 것으로 이것이 곧 오후보림이며, 수행자들이 퇴전하지 않고 구경성불할 수 있는 바른 수행의 길이다.

다음은 전등록 제9권에서 추출한 것이다.

"돈오(頓悟)한 사람도 닦아야 합니까?"

"만일 참되게 깨달아 근본을 얻으면 그대가 스스로 알게 될 것이니 닦는다, 닦지 않는다 하는 것은 두 가지의 말일 뿐이다. 처음으로 발심한 사람들이 비록 인연에 따라 한 생각에 본래의 이치를 단박에 깨달았으나 아직도 비롯함이 없는 여러 겁의 습기(習氣)는 단박에 없어지지 않으므로, 그것을 깨끗이 하기 위하여 현재의 업과 의식의 흐름을 차츰차츰 없애야 하니 이것이 닦는 것이다. 그것에 따로이 수행하게 하는 법이 있다고 말하지 마라.

들음으로 진리에 들고, 진리를 듣고 묘함이 깊어지면 마음이 스스로 두렷이 밝아져서 미혹한 경지에 머무르지 않으리라. 비록 백천 가지 묘한 이치로써 당대를 휩쓴다 하여도 이는 자리에 앉아서 옷을 입었다가 다시 벗는 것으로써 살림을 삼는 것이니, 요약해서 말하면 실제 진리의 바탕에는 한 티끌도 받아들이지 않지만 만행을 닦는 부문에서는 한 법도 버리지 않느니라. 만일 깨달았다는 생각마저 단번에 자르면 범부니 성인이니 하는 생각이 다하여, 참되고 항상한 본체가 드러나 진리와 현실이 둘이 아니어서 여여한 부처이니라."

"무엇이 돈오(頓悟)이며, 무엇을 점수(漸修)라 합니까?"

"자기의 성품이 부처와 똑같다는 것은 단박에 깨달았으나 비롯함이 없는 옛적부터의 습관은 단박에 제거할 수 없으므로 차츰 물리쳐서 성품에 따라 작용을 일으켜야 하니, 마치 사람이 밥을 먹을 때에 첫술에 배가 부르지 않는 것과 같다."

간화선인가 묵조선인가

　나에게 "당신의 지도는 간화입니까, 묵조입니까?"라고 묻는 이들이 있다. 나의 지도법에는 애당초부터 간화니 묵조니 하는 것이 없다. 가없는 성품 자체로 일상을 지어가라는 말이 바로 그것을 대변해주고 있다. 묵조선과 간화선이 나뉜 것은 육조 대사 이후여서 육조 대사 당시까지만 해도 묵조선이니, 간화선이니 하여 나누지 않았다. 나는 육조 대사 당시의 법을 그대로 펴고 있는 것이다.

　묵조선과 간화선은 원래 종파가 아니다. 지도받는 이의 근기에 따라 지도한 방편일 뿐이다. 들뜬 생각과 분별망상에서 이끌어내기 위한 방편으로 지도한 것이 묵조선이다. 그렇게 이끌어서 깨달아 사무치면 깨달아 사무친 경지가 일상이 되게끔 다시 이끌어 주어야 하는 것이다.

　달마 대사를 묵조선이라고 하는데 중국에 오기 전 달마 대사가 육파외도(六派外道)를 조복시키는 대목을 보면 달마 대사가 묵조선이 아니라는 것이 역력히 드러난다.

　다만 황제가 법문을 할 정도였던 그 시대의 교리 위주의 이론불

교를 근본불교에 이르게 하기 위한 방편으로 "밖으로 반연하여 일으키는 모든 생각을 쉬고 안으로 구하는 마음마저 쉬어라."라고 가르친 것이다.

간화선도 마찬가지여서 화두라는 용광로에 일체 분별망상을 녹여 없앰으로써 밖으로 반연하여 일으키는 모든 생각을 쉬고, 안으로 구하는 마음마저 쉬게 하여 깨닫게끔 한 것이다.

즉 화두를 들어도 이런 경지에 이르러야 깨달을 수 있는 것이다. 오롯이 끊어지지 않게 화두를 들어서 오직 이러한 경지에 이르러 있다가 어떤 경계에 문득 부딪힘으로써 깨닫게 된다. 결국에는 화두인 모든 공안도리 역시 사무쳐 깨닫게 하기 위한 방편이다.

그러므로 수기설법(隨機說法)하고 응병여약(應病與藥)해야 한다. 나 역시 제자가 이러한 경지에 사무쳐 깨닫게끔 하지만, 이미 사무친 연후에는 가없는 성품 자체에 머물러 있으려고만 하지 말고, 그 경지에서 응하여 모자람 없도록 지어나가야 한다고 지도한다.

묵조나 일행삼매(一行三昧), 어느 쪽도 모든 이에게 정해 놓고 일정하게 주어서는 바른 지도가 될 수 없는 것이다. 내가 앉아서 선화할 때에는 오직 심외무물의 경지만 오롯하게끔 지으라고 지도하는 것은 어떻게 보면 묵조선이다. 그것이 가장 빨리 업을 녹이는 방법이기 때문에 그렇게 지도하는 것이다.

그러나 활동할 때는 가없는 성품 자체로 일상을 지어 가라고 지도했으니 이것은 곧 일행삼매에 이르도록 지도한 것이다. 안팎 없는 경지를 여의지 않는 것이 삼매이니, 일상생활 속에서 여의지 않는 가운데 보고 듣고, 보고 듣되 여의지 않는 그것이 일행삼매이다.

그렇다면 나는 한 사람에게 묵조선과 일행삼매를 다 가르치고 있는 것이 된다. 묵조선이라고 했지만 앉아서는 생사해탈을 위한 멸진정을 익히도록 하고, 그 외에는 다 일행삼매를 짓도록 지도하고 있는 것이어서 한편으로 멸진정을 익히는 가운데 조사선을 짓고 있는 것이다.

어떠한 약도 쓰이는 곳에 따라 좋은 약이 되기도 하고 사약이 되기도 한다. 스승이 진정 자유자재해서 제자가 머물러 있는 부분을 틔워주는 지도를 할 때 그것이 약이 되는 것이다.

그러므로 '나는 간화선만을 가르친다.' 그렇게 지도해서는 안 된다. 부처님께서도 수기설법하라 하셨다. 병을 치료해 주는 것이 약이듯 그 기틀에 맞게끔 설해 주는 것이 참 법이다.

무유정법(無有定法)이라 하지 않았는가. 그 사람의 바탕과 익힌 업력과 현재의 경지 등 모든 것을 참작해서 거기에 알맞게 베풀어 주어야 한다.

부처님의 경을 마가 설하면 마설이 되고, 마경을 부처님께서 설하시면 진리의 경전이 된다는 것도 바로 이런 데에서 하신 말씀이다.

어느 한 종에만 편승하면 안 된다. 우리는 이 속에 오종칠가(五宗七家)의 법을 다 수용해야 된다. 어느 한 법도 버릴 수 없다. 모든 근기에 알맞도록 설해 주고 이끌어 줄 수 있어야 하기 때문이다.

그래서 다만 응하여 모자람이 없이 병에 의하여 약을 줄 뿐, 정해진 법이 없어서 어느 한 법도 따로 취함이 없어야 하는 것이다.

육조 대사께 행창이 찾아와 부처님 열반경 중에서 유상(有常)과 무상(無常)을 가지고 물었을 때 행창이 무상이라 하면 육조 대사는 유상이라 하고, 행창이 유상이라 하면 육조 대사는 무상이라 했다. 왜냐하면 원래부터 무상이니 유상이니가 있을 수 없어서, 부처님께서는 다만 유상이라는 집착을 벗어나게 하기 위해 무상을 말씀하시고, 무상이라는 집착을 벗어나게 하기 위해 유상을 말씀하셨을 뿐이거늘, 행창은 열반경의 이 말씀에 묶여 있었기 때문이다.

육조 대사가 이러한 이치에 대해서 설하자 행창이 곧 깨닫고 오도송을 지어 바쳤다.

이렇게 수기설법할 때 불법이다. 수기설법하지 못하면 임제종보다 더한 것이라 해도 불법일 수 없다.

각각 사람의 근기가 다른데 어떻게 천편일률적인 방법으로 똑같이 교화할 수 있겠는가.

최초의 무명에 대하여

오직 가없는 체성(體性) 자체로만 있을 때 때로는 은빛이나 금빛, 투명한 가을하늘빛 등 여러 가지 광명을 볼 수가 있다.
이것은 자성의 전능한 능력이 발한 빛으로서 마치 보석이 발하는 일곱 가지 빛과도 같다.
보석이 인연을 만나 일곱 가지 빛을 발하나 보석의 일곱 가지 빛은 밖으로부터 온 것이 아니다.
돌에 아무리 빛을 비춘다 해도 돌이 일곱 가지 빛을 낼 수는 없으니 일곱 가지 빛은 보석이 지니고 있는 본유한 능력인 것이다.
또한 보석이 빛을 발해서는 보석과 보석이 발한 빛을 나눌 수 없듯 자성과 자성이 본유한 능력으로 발한 빛 역시 그러하다.
그러나 자성은 밖의 인연을 인하지 않고도 오직 스스로의 능력만으로 빛을 발할 수 있으니 보석과도 다르다.
이러한 자성의 본유한 능력의 빛은 보석의 빛이 그러하듯 밖에서 온 것이 아님이 분명하건만 따로 있는 것인 양 좋아하고, 즐기고, 탐하고, 취하려고 했다.
꿈도 내 마음이 발한 광명이어서, 엊저녁 꿈이 나와 나뉘어진 경계가 아닌데 꿈속에서는 분명한 경계로 여겼듯이 체성이 스스로 발한 광명을 밖의 경계로 여긴 것이다.

이렇게 자성과, 자성이 발한 광명이 내면의 능소(能所)로 벌어져 나뉘어진 데서 취하려 하고, 취하려 하는 것이 점점 강해져서 극에 이르러 최후에 취하는 순간 상에 합하여 체성이 거꾸로 상을 의지하게 된 것이다.

이때로부터 밖의 능소로 벌어져 그 상에 의지한 작용이 업이 되고, 그 업에 의해 가지가지 현상이 생겨나고 욕계, 색계, 무색계 등 육도(六道)가 벌어지게 되었다.

알고 보면 자성 자체가 이렇게 불가사의하다. 침 끝 하나 세울 수 없는 곳에 삼천대천세계를 전개한 것이다.

마치 어젯밤 꿈세계가 침 끝 하나 설 수 없는 잠재의식 가운데 펼쳐진 것과도 같아서 밖으로 펼친 바도 아니요, 안에서 이루어진 바도 아니다.

펼친 바도 이룬 바도 없이 현존하는 이것이 '함이 없는 함의 세상'이다.

무엇을 보았는가?

우리가 이 땅에 살면서 무엇을 보았다 할 수 있을까?

불생불멸하는 자기를 알기 전에는, 가없어 밖이 없고 안이 없는 우주의 실상을 알기 전에는, 단 한 가지도 제대로 보지 못한 것이라고 이 사람은 온 인류를 향해서 당당하게 말할 수가 있다.

비유하여 말하자면 꿈속에서 꿈인 줄 모르는 사람에게는 꿈속의 세계가 절대 현실이지만, 꿈을 깨고 돌이켜보면 아무 것도 실재하는 것이 없었던 것과도 같기에, 단 한 가지도 제대로 본 것이 없다고 한 것이다.

그러므로 우주의 실체를 올바로 알려면, 세계적인 과학자들이 과학적으로 증명하고 예측해서 말하고 있는 우주 그 밖의 우주 전체를 알아야 한다.

물리학은 '팽창우주론'이라는 이론으로 우주를 설명하고 있다. 그러나 이 역시 일부분만을 보고 있는 것이다.

예를 들어, 고무풍선을 하나 상상해 보라. 고무풍선에 바람을 넣는다고 할 때 팽창할 밖이 있어야 팽창할 것이 아니겠는가?

그렇다면 수리적으로만 증명을 해도 팽창하는 우주가 있다고 할 때, 그보다 훨씬 더 큰 우주가 밖에 있다는 것을 이미 가정해 놓아야 한다.

우리가 살고 있는 이 곳, 팽창하는 우주라고 부르는 곳은 사실 하나의 업권에 불과하다.

그래서 '세계가 얼마나 많습니까?' 하고 제자들이 물으니까 부처님께서 비유를 들어 말씀하시기를 '히말라야산을 손바닥에 놓고 가루를 만든다고 가정을 하자. 그래서 그것을 태풍 앞에 확 날리면 그 먼지 수가 얼마나 되겠느냐?'라고 하셨다. 그 먼지 수효로도 삼천대천세계를 다 말할 수 없다는 것이다.

그러므로 '무엇을 보았는가?' 하는 질문에 답하려면 삼천대천세계, 즉 우주 밖의 우주 전체를 알아야 할 것이며, 이에 앞서 그것을 밝히려는 자신의 실체를 깨달아야 한다. 그렇지 않고는 꿈속의 사람이 꿈속의 자신과 꿈속의 세계를 현실로 착각하고 있는 것과 같다.

우주에 밖이 있는가?

한번 생각해 보라. 우리가 사는 이 우주에 밖이 있는가를.

우주의 밖이 있으면 또 그 밖이 있을 것이고, 그 밖이 있으면 또 그 밖이 있을 것이고, 그 밖의 밖, 그 밖의 밖….

밖이 있을 수가 없다. 그럼 안은 있을 수 있겠는가? 밖이 없는 안이 어떻게 있을 수 있겠는가?

자, 그러면 안도 밖도 없는데 무엇이 존립할 수 있겠는가?

그런데 우리는 이렇게 마주앉아서 대화하고 있다. 이것은 있는 것인가, 없는 것인가? 있다 해야 옳겠는가, 없다 해야 옳겠는가? 여기에 한번 사무쳐 보기 바란다.

19세기에, 우리가 살고 있는 세계에도 공간에 시간이 배합되는 시대가 올 것이 수학적으로 증명되었다.

즉 시간이 없는 시대를 말한 것이다. 시공이 존재하는 세계에 사는 사람으로서는 상상할 수도 없는 일이다.

시간이 없는 세계란, 밥을 먹어야겠다는 생각과 동시에 밥을 먹어 마치는 것에 끝나지 않고, 먹은 밥이 소화가 되어서 모든 영양

소가 각각 제 위치에서 제 역할까지 이미 하고 있는 세계를 말한 것이다.

한번 상상해 보라.

그러나 우리가 살고 있는 세계에도 공간에 시간이 배합되는 시대가 온다고 한 주장 또한 바르게 보았다고 말할 수 없다.

왜냐하면 대우주는 안팎이 없고 안팎이 없다면 애당초 시간이 있을 수 없기 때문이다.

안팎이 없는데 무슨 시간이 존립하겠는가? 안도 밖도 없는 거기에 무슨 공간이 있을 수 있겠는가? 시공이 없는데 그 무엇이 존립하겠는가?

그렇다면 다시 한 번 묻겠다. 지금 마주앉아 대화하고 있는 우리는 있는 것인가, 없는 것인가?

있다고 해야 옳겠는가, 없다고 해야 옳겠는가?

무(無)의 실체

이것을 알려면 오늘의 물리학계에서 우주의 시원이라고 말하는 무(無), 그 무(無)의 실체를 바르게 알아야만 한다.

무(無)는 우주의 어머니이고 모든 원소의 근원이며 동정(動靜)의 근본이다.

또한 무(無)는 전체이며 함이 없는 함의 근본이나 어느 일면만을 보고 한 끝을 만들기 때문에 어둠의 베일 속에 가려진 듯 올바로 알지 못하는 것이다.

여기서 말한 무(無)는 상주불멸(常住不滅)하는 근원으로서 꿈의 세계를 연출해 내는 잠재의식의 근본 실체이다.

물리학에서는 질량, 에너지 불변의 법칙으로 상주불멸을 이야기하고 있다.

즉 질량이 에너지화되고, 에너지가 질량으로 회귀되므로 아주 없어지는 것이 아니기 때문에 '상주불멸'이라고 정의한 것이다.

그러나 이것은 상주불멸의 실체를 잘못 본 것이다.

가령 쿼크만한 질량을 에너지화할 때의 순간을, 백억분의 1초라는 미분된 시간에서 본다면, 에너지에도 질량에도 속하지 않는 찰나가 반드시 있게 된다.

 질량이 에너지화되는 순간에는 반드시 에너지도 아니고 질량도 아닌 과정을 거쳐야 하기 때문이다. 에너지가 다시 질량으로 회귀될 때도 마찬가지이다.

 만약 그 찰나가 없다면 질량은 영원히 질량으로만 존재하고, 에너지는 영원히 에너지로 존재할 수밖에 없다.

 바로 이 질량도 에너지도 사라진 찰나의 모습이 상주불멸의 참 모습이며, 물리학자들이 말한 무(無)의 실체인 것이다.

 형색이 없는 상주불멸의 그 실체가 여러 인연과 조건에 따라 질량으로도 나투고 에너지로도 모습을 나투는 것이다.

 그러므로 모든 것이 상주불멸의 형색 없는 실체로부터 비롯되어 나투어진 것이다.

 그리고 상주불멸의 형색 없는 이 실체야말로 유정, 무정 모두가 본래 지니고 있는 참 모습, 근원 성품인 것이다.

 그렇다면 형색 없는 실체인 근원 성품으로부터 어떻게 이 모든 형색을 나투었을까?

 꿈도 꿀 수 있는 능력이 있어야 꿀 수 있듯 천지창조로부터 오늘날의 중생세계에 이르기까지 삼천대천세계 전부가, 성품의 전능한 능력으로 인한 것이다.

 자기 자신의 전지전능한 지혜덕상의 움직임으로 빛을 발하고, 발한 빛을 즐기다가, 그 빛을 쫓고 탐하게 되어 경계에 빠져버린 것이다. 다시 그 경계와 한 몸이 되어, 한 몸이 되어버린 나에 집착하게 되고, 나에 집착하여 익힌 습관으로 업을 쌓는다.

결국 가지가지로 쌓은 그 업에 따라 또 다른 여러 현상의 모습으로 나타나고, 여러 모습으로 또 다른 업을 익히고 쌓고…. 이렇게 해서 헤아릴 수 없는 생명체와 현상들이 있게 된 것이다.

불교에서 말하는 지수화풍공식(地水火風空識), 이 육대(六大)는 우리가 흔히 말하는 흙, 물, 불, 바람, 공과 식이 아니라 우주의 모든 것들을 나툴 수 있는 근원 성품 자체가 지니고 있는 전능한 능력의 여러 측면들이다.

자성이 지니고 있는 전능한 능력이 어떠한 인연을 만났을 때에 때로는 흙기운으로, 물기운으로, 불기운으로, 바람기운으로, 공기운으로, 식기운으로 나타난 것이다.

허나 자성의 본원 자리에서 보면 꿈속의 흙, 물, 불, 바람, 공, 식과 같아 오직 마음 이외에 다른 물건은 있을 수가 없는 것이다. 이 이치를 바르게 알 때 우주의 생성 원리를 속속들이 앉은 자리에서 들여다 볼 수 있는 것이다.

영원한 현실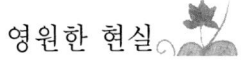

 그렇다면 지금 우리가 마주앉아 대화하고 있는 이 현실은 어떻게 보아야 하겠는가?
 상주불멸의 형색 없는 실체가 지닌 본유한 능력의 나툼인 여기에는 안도 밖도 시간도 공간도 모양도 색깔도 존재할 수 없어서 생각, 행동, 분별이라는 것도 따로 있을 수가 없고 또한 주체와 객체가 나뉘어질 수도 없는 것이다.
 그러나 우리는 지금 분명히 마주앉아 대화하고 있다.
 또한 지금 분명히 마주앉아 대화하고 있지만 안도, 밖도, 앞도, 뒤도, 가운데라 할 것도 없어서 침 끝 하나 설 자리가 없다.
 이는 마치 한 방에 많은 등의 불빛이 자리를 따로 하지 않고 한 곳에 어우러져 있으면서 각각 제 구실을 다해서, 하나를 끄면 하나를 끈 만큼 어두워지고, 하나를 켜면 하나를 켠 만큼 밝아지는 것과 같다.
 마침 오늘 저녁에 등불이 많이 켜져 있다. 많은 등불빛이 이 방 안을 밝히고 있는데, ABC나 가나다라순으로 이 불빛에 번호를 매겨 놓고 번호를 매긴 불빛을 이 속에서 찾으려고 해봐라. 찾을 수 있겠는가?

그냥 하나처럼 어우러져 있으면서도 제 구실을 각각 하고 있을 뿐이다.

등불은 등이 차지한 자리라도 있다지만 참 성품은 침 설 곳도 없는 자체로 만상을 나투니 더욱 희유하다 할 것이다.

마치 꿈이 꿈임을 알면 꿈속의 삼라만상, 꿈속의 생각과 행동 모두가 더 이상 꿈도 상도 아니어서 마음의 전능한 능력일 뿐이듯이 무(無)라고 불리는 근원 실체인 참나를 깨달아 우주의 실상을 올바로 보면 이렇게 불가사의한 영원한 현실이라 나툼이 없는 나툼, 함이 없는 함이 있을 뿐이라는 것을 알게 될 것이다.

이렇게 확연히 깨달은 바탕에서 업을 깨끗이 다 닦아 본래의 전능한 능력을 회복하여 우주의 실상을 누리게 되면 환의 세계라는 것들 자체가 전능한 능력에 의한 화장세계, 낙원의 동산이 되는 것이다.

그렇기 때문에 부처님께서 '불리일보즉차토즉극락(不離一步卽此土卽極樂)'이라고 하셨다.

즉, 한 걸음 옮기지 않는 이 땅 이대로가 극락이라는 말이다.

희비송(喜悲頌)

이름도 없고 상도 없는 일 없는 사람이
태평의 노래를 흥에 취해 불렀더니
때도 없고 끝도 없는 구제의 일이
대천세계에 충만히 펼쳐졌네

無名無相無事人
太平之歌唱興醉
無時無端救濟事
大千世界布充滿

정신송(正信頌)

이름도 없고 상도 없는 이 바탕인 몸이여
이 바탕을 깨달은 믿음이라야 이 바른 믿음이라
이와 같은 믿음이 없이는 마음이 나라 말라
눈 광명이 땅에 떨어질 때 한이 만단이나 되리라

無名無相是地體
悟地之信是正信
若無是信莫心我
眼光落地恨萬端

진심송(眞心頌)

이름도 없고 상도 없는 이 진공이여
공이라는 공은 공이라 함마저도 없는 이 참 바탕이라
이와 같은 바탕이라야 이 공인 몸이니
이와 같은 몸이 아니면 참다운 마음이 아니니라

無名無相是眞空
空空無空是眞地
如是之地是空體
如是非體非眞心

업신송(業身頌)

업의 몸이란 것은 고통의 근본이요
업의 마음이란 것은 환란의 근본이니라
업의 행이란 것은 다툼의 근본이요
업의 일이란 것은 허망의 근본이니라

業身乃苦痛之本
業心乃患亂之本
業行乃鬪爭之本
業事乃虛妄之本

보림송(保任頌) 1

업의 몸을 다스리는 데는 계행이 최상이요
업의 마음을 다스리는 데는 인내가 최상이니라
계행과 인내로 잘 다스리면 보림이 순조롭고
보림이 잘 이루어지면 구경에 이르느니라

治業身之戒最上
治業心之忍最上
善治戒忍順保任
善成保任至究竟

보림송(保任頌) 2

육신의 욕망은 하나까지라도 모두 버려야 하고
육신을 향한 생각은 남음이 없이 버려야 하느니라
이와 같이 보림하면 업이 중한 사람일지라도
당생에 반드시 구경지를 성취하리라

肉身欲望捨都一
肉身向思捨無餘
如是保任重業人
當生必成究竟地

공성본질송(空性本質頌) 1

무극인 빈 성품의 본래 몸은
언어나 마음과 행위로 표현 못 하나
모든 부처님과 만물이 이로 좇아 생겼으며
궁극에는 일체가 돌아가 의지할 곳이니라

無極空性之本體
言語道斷滅心行
諸佛萬物從此生
窮極一切歸依處

공성본질송(空性本質頌) 2

혼연한 빈 바탕을 이름해서 무아라 하고
무아의 다른 이름이 이 무극이니라
유정 무정이 이로 좇아 생겼으며
궁극에는 일체가 돌아가 의지할 곳이니라

渾然空地名無我
無我異名是無極
有情無情從此生
窮極一切歸依處

공성본질송(空性本質頌) 3

이러-히 밝게 사무친 것을 이름해서 견성이라 하고
이 바탕에 밝게 사무쳐야 바르게 깨달은 사람이니
도를 닦는 사람은 반드시 명심해서
각자 관조하여 그릇 깨달음이 없어야 하느니라

如是明徹名見性
是地明徹正悟人
修道之人必銘心
各者觀照無非悟

명정오송(明正悟頌)

밝지도 어둡지도 않은 곳을 향해서
그윽한 본래의 바탕에 합하여야
이것을 진실한 깨달음이라 하는 것이니
그렇지 않다면 바른 깨달음이 아니니라

向不明暗處
冥合本來地
此是眞實悟
不然非正悟

무아송(無我頌)

중생들이 말하는 무아라는 것은
변하고 달라지는 나를 말하는 것이요
깨달은 사람의 무아는
변하지 않는 나를 말하는 것이다

衆生之無我
變異之言我
悟人之無我
不變之言我

태시송(太始頌)

탐착한 묘한 광명에 합한 것이 상을 이루었고
상에 집착하여 사는데서 익힌 것이 모든 업을 이루었다
업을 인해서 만반상이 생겨 나왔으며
만상으로 해서 만반법이 생겨 나왔다

貪着妙光合成相
執相生習成諸業
因業生出萬般象
萬象生出萬般法

21세기에 인류가 해야 할 일

 이 사람은 1962년 26세 때부터 21세기에 인류에게 닥칠 공해문제, 에너지문제를 예견하고 대체에너지(무한원동기, 태양력, 파력, 풍력 등) 개발과 '울 안의 농법'을 연구하고 그 필요성을 많은 이들에게 이야기해 왔습니다.
 당시에는 너무 시대를 앞서가는 이야기여서인지 일반인들이 수용하지 못하고 오히려 불신의 눈으로 바라보며 이 사람의 법마저 의심하였습니다. 하지만 현대에 있어서는 이것이 인류가 해결해야 할 가장 절박한 사안이 되어 있습니다.
 '사막화방지 국제연대'를 설립한 것도 현재 인류가 해결해야 할 가장 절박한 지구환경문제를 이슈화시키고 그 해결책을 제시하여 재앙에 직면한 지구촌을 살리기 위해서입니다.
 '사막화방지 국제연대'에서 추진하고 있는 사막화 방지, 지구 초원화, 대체에너지 개발은 온 인류가 발 벗고 나서서 해야 할 일입니다.

첫 번째 사막화 방지에 있어서 기존에 해왔던 '나무심기 사업'은 천문학적인 예산과 많은 인력을 동원하고도 극도로 황폐한 사막화된 환경을 되살리는 데 실패하였습니다.

그래서 이 사람은 사막화 방지에 있어서는 '사막 해수로 사업'을 새로운 방안으로 제시하였습니다.

사막 해수로 사업은 사막화된 지역에 수도관을 매설하여 바닷물을 끌어들여서 염분에 강한 식물을 중심으로 자연생태계를 복원하는 사업입니다.

이것은 나무심기 사업으로 심은 나무들이 절대적으로 물이 부족하여 생존할 수 없었던 문제를 해결할 수 있는, 현재로서는 유일한 해결책입니다.

그러나 '사막화방지 국제연대'의 목적은 사막이 확장되는 것을 방지하자는 것이지 사막 전체를 완전히 없애자는 것은 아닙니다. 인체에서 심장이 모든 피를 전신의 구석구석까지 골고루 보내어 살아서 활동하게 하듯이 사막은 오히려 지구의 심장 역할을 하는 중요한 곳이기 때문입니다.

그래서 21세기에 있어서는 다만 사막의 확장을 방지할 뿐 아니라 사막을 어떻게 운용하느냐를 연구해야 합니다.

사막에 바둑판처럼 사방이 막힌 플륨관 수로를 설치하여 동, 서, 남, 북 어느 방향의 수로를 얼마만큼 채우느냐 비우느냐에 따라,

사막으로부터 사방 어느 방향으로든 거리까지 조절하여, 원하는 지역에 비를 내리게 하고 그치게 할 수 있습니다. 철저히 과학적인 데이터에 의해 이렇게 사막을 운용함으로써 21세기의 지구를 풍요로운 낙원시대로 만들어가야 합니다.

두 번째로 지구를 초원화할 수 있는 방안으로 3년간의 실험을 통해, 광활한 황무지 지역을 큰 비용을 들이거나 많은 인력을 동원하지 않고도 짧은 시간 내에 초지로 바꿀 수 있는 식물을 찾아냈습니다.

그것은 바로 '돌나물'입니다. 돌나물은 따로 종자를 심을 필요가 없이 헬리콥터나 비행기로 살포해도 생존, 번식할 수 있으며, 추위와 더위, 황폐한 땅에서도 살아남을 수 있는 생명력과 번식력이 강한 식물입니다.

지구환경을 되살리는 초지조성 사업에 있어서 이것이 큰 도움이 되리라 생각합니다.

세 번째의 대체에너지 개발에 있어서는 태양력, 파력, 풍력 등 1962년도부터 이 사람이 연구하고 얘기해왔던 방법들이 이미 많이 개발되어 실용화한 단계에 있습니다.

이 세 가지 일은 한 개인이나 한 국가가 할 수 있는 일이 아닙니다. 모든 국가가 앞장서서 전세계적인 사업으로 이루어져야 합니다. 모든 국가가 함께 하는 기금조성이 이루어져야 하고 기금조성에 참여한 국가는 이 시스템에 의한 전면적인 혜택을 입을 수 있도록 해야 합니다.

인류 모두가 지혜를 모아 이 일에 전력을 다한다면 인류는 유사 이래 가장 좋은 시절을 맞이하게 될 것이며, 만약 이 일을 남의 일인 양 외면한다면 극한의 재앙을 면할 수 없을 것입니다.

이 사람이 오래 전부터 얘기해왔던 '울 안의 농법'은 이미 미국 라스베이거스(Las Vegas)에서 30층짜리 '고층 빌딩 농장'으로 구현되었습니다. 그렇게 크게도 운영될 수 있지만 각자 자신의 집에서 이루어지는 '울 안의 농법'도 필요합니다.

21세기에 있어서 또 하나 인류가 만일의 사태를 대비해서 연구, 추진해야 될 일이 있다면 바닷속에서의 수중생활, 수중경작입니다.

지구 온난화가 심화될 경우, 공기가 너무 많이 오염될 경우, 바닷물이 높아져 살 땅이 좁아질 경우 등에 대비할 때, 인류는 우주에서의 삶보다는 바닷속에서의 삶을 준비해야 합니다. 왜냐하면 그것이 훨씬 수월하고 비용도 절감할 수 있기 때문입니다.

이렇게 깨달은 이는 이변적으로는 깨달음을 얻게 하여 영생불멸의 삶을 영위할 수 있도록 만인을 이끌어야 하며, 사변적으로는 일반인이 예측할 수 없는 백 년, 천 년 앞을 내다보아 이를 미리 앞서 대비하도록 만인의 삶을 이끌어줘야 한다고 생각합니다.

불법의 뜻은 다만 진리 전수에만 있는 것이 아니니, 만인이 서로 함께 영원한 극락을 누릴 때까지 물심양면으로, 이사일여로 베풀어 교화해야 하기 때문입니다.

가슴으로 부르는 불심의 노래

여기에 실린 가사는 모두 농선 대원 선사님께서 직접 작사하신 것이다.

수행의 길로 들어서게끔 신심, 발심을 북돋아주는 가사로부터 수행의 길로 접어든 이의 구도의 몸부림이 담겨있는 가사, 대승의 원력을 발해서 교화하는 보살의 자비심과 함께 낙원세계를 누리는 풍류를 그려놓은 가사까지 한마디, 한마디가 생생하여 그 뜻이 뼛속 깊이 새겨지고 그 멋에 흠뻑 취하게 된다.

농선 대원 선사님께서는 거칠고 말초적인 요즘의 노래를 듣고 이러한 정서를 순화시키고자, 또한 수행의 마음을 진작시키고자 하는 뜻에서 이 가사들을 쓰셨다.

 그래야지

1.
마음으로 물질로써
갖가지로 베푸는 것
생활화한 국민되어
이뤄내는 국가되세
그래야지 그래야지
얼씨구나 좀 더 좋다

그런 이웃 그런 나라
이뤄내서 사노라면
모든 나라 따르리니
그리되면 지상낙원
그래야지 그래야지
얼씨구나 좀 더 좋다

별중의 별 될 것이니
선조의 뜻 이룸이라
후손으로 할 일 해낸
자부심이 치솟누나
그래야지 그래야지
얼씨구나 좀 더 좋다

얼씨구야 절씨구야
좀 더 좋고 좀 더 좋다
얼씨구야 절씨구야
좀 더 좋고 좀 더 좋다

아리랑 아리랑 아라리요
아리랑 고개를 넘어간다

2.
그래야지 그래야지
혼자 삶이 아닌 세상
웬만하면 넘어가는
아량으로 살아가세
그래야지 그래야지
얼씨구나 좀 더 좋다

부딪히면 틀어져서
소통의 길 막히나니
그러므로 눈 감아줘
참는 것이 상책일세
그래야지 그래야지
얼씨구나 좀 더 좋다

걸린 생각 비워내서
한결같이 사노라면
복이되어 돌아옴을
실감할 날 있을 걸세
그래야지 그래야지
좀 더 좋고 좀 더 좋다

얼씨구야 절씨구야
좀 더 좋고 좀 더 좋다
얼씨구야 절씨구야
좀 더 좋고 좀 더 좋다

아리랑 아리랑 아라리요
아리랑 고개를 넘어간다

 마음

1.
시작도 없는 마음
끝남도 없는 마음

온통으로 드러나
언제나 같이 있어

어떤 것도 가릴 수
전혀 없는 그 마음

고고하고 당당한
영원한 마음일세

아리랑 아리랑 아라리요
아리랑 고개를 넘어간다
청천 하늘에 잔별도 많고
요내 가슴에는 희망도 많다

2.
모두를 마음으로
시도를 뭐든 해봐

안되는 일 없어서
사는 데 불편없고

하고프면 하면 돼
뜻 펼치는 삶이니

즐겁고도 즐거운
누리는 삶이로세

아리랑 아리랑 아라리요
아리랑 고개를 넘어간다
청천 하늘에 잔별도 많고
요내 가슴에는 희망도 많다

사는 게 아리랑 고개

1.
이 마음이 내가 되니
나고 죽음 본래 없고
이리 보고 저리 봐도
허공까지 내 몸일세
신기하고 신기하다
신기하고 신기해

이 마음이 내가 되니
안 되는 일 전혀 없어
잡된 생각 사라지고
두려움도 없어졌네
신기하고 신기하다
신기하고 신기해

이 마음이 내가 되니
끝이 없이 자유롭고
잠 못 이룬 괴로움과
공황장애 흔적 없네
신기하고 신기하다
신기하고 신기해

아리랑 아리랑
아라리요
아리랑 고개를 넘어왔다

2.
이 마음이 내가 되니
맘 먹은 일 순조롭고
살아가는 나날들이
마음광명 누림일세
신기하고 신기하다
신기하고 신기해

이 마음이 내가 되니
마음광명 누림이라
나날들이 평화롭고
자신감이 넘쳐나네
신기하고 신기하다
신기하고 신기해

이 마음이 내가 되니
대인관계 순조로와
일일마다 즐거웁고
웃음꽃이 피어나네
신기하고 신기하다
신기하고 신기해

아리랑 아리랑
아라리요
아리랑 고개를 넘어왔다

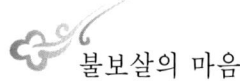 불보살의 마음

1.
자비, 그 자비는 눈물이었네
불나방이 불을 쫓듯 가는 이
그래도 못 잊어서 버리지 못해
저리는 저리는 가슴, 그 가슴 안고서
눈물, 피눈물로 저리 부르네

2.
자비, 그 자비는 눈물이었네
제 살 길을 저버리는 이들을
그래도 못 잊어서 버리지 못해
저리는 저리는 가슴, 그 가슴 안고서
눈물, 피눈물로 저리 부르네

 나의 노래

1.
노세 노세 봄놀이하세
대천세계 이 봄 경치
한산 습득 친구 삼아
호연지기 즐겨볼까
얼씨구나 절씨구
아니나 즐기고 무엇하리

2.
노세 노세 봄놀이하세
걸음 쫓아 이른 곳곳
문수 보현 벗을 삼아
화엄광장 춤춰볼까
얼씨구나 절씨구
아니나 즐기고 무엇하리

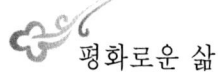 평화로운 삶

1.
이 몸을 나로 아는
하나의 실수로서
우주가 생긴 이래

얼마나 많은 고통
겪어들 왔었던가
치떨린 일이로세

뭘 해야 그 반복을
금생에 끊어버려
그 고통 벗어날까

생각코 생각하니
그 해결 내게 있네
마음이 나 된걸세

아리랑 아리랑 아라리요
아리랑 고개를 넘어간다
청천 하늘엔 잔별도 많고
이내 가슴엔 희망도 많다

2.
마음이 내가 되면
그 어떤 것이라도
더 이상 필요찮고

마음이 내가 되면
미묘한 갖은 공덕
스스로 갖춰 있고

마음이 내가 되면
그 모든 근심 걱정
씻은 듯 사라지고

마음이 내가 되면
이 생과 저 세상이
당초에 없는 걸세

아리랑 아리랑 아라리요
아리랑 고개를 넘어간다
청천 하늘엔 잔별도 많고
이내 가슴엔 희망도 많다

3.
마음이 내가 되면
어제와 내일 일을
눈 앞 일 알 듯하고

마음이 내가 되면
신분이 관계 없이
서로가 평등하며

마음이 내가 되면
모든 일 뜻을 따라
원만히 이뤄지고

마음이 내가 되면
걸림이 없는 그 삶
저절로 이뤄지네

아리랑 아리랑 아라리요
아리랑 고개를 넘어간다
청천 하늘엔 잔별도 많고
이내 가슴엔 희망도 많다

 그리운 님

환갑 진갑 다 지난 삶 살다보니
석양 노을 바라보다 텅 빈 가슴
외로움에 철이 드나 생각나는
님이시여 이 몸마저 자유롭지
못한 괴롬 닥쳐서야 님의 말씀
들려오는 철없던 삶 후회하며
외쳐 찾는 님이시여 지는 해를
붙들고서 맘이 나된 삶으로써
나고 죽는 모든 고통 없는 삶을
누리라는 그 말씀이 빛이 되어
외쳐지는 님이시여 이제라도
실천 실행 하오리다 이끌어만
주옵소서 님이시여 내 님이여

잘 사는 게 불법일세

1.
잘 사는 게 불법일세
우리 모두 관음보살 지장보살 생활 속에 모시면서
마음 비운 나날들로 바른 삶을 하노라면
불보살님 가피 속에 뜻 이뤄서 꽃을 피운
그런 날이 있을 걸세

2.
잘 사는 게 불법일세
우리 모두 관음보살 지장보살 생활 속에 모시면서
마음 비워 살아가며 시시때때 잊지 않고
참나 찾아 참구하는 그 정성도 함께하면
좋은 소식 있을 걸세

3.
잘 사는 게 불법일세
우리 모두 관음보살 지장보살 생활 속에 모시면서
틈틈으로 회광반조 사색으로 참나 깨쳐
화장세계 장엄하고 얼쉬얼쉬 어울리며
영원토록 웃고 사세

 님은 아시리

1 부

1.
사계절의 풍광인들 위로되겠니
서사시의 음률인들 쉬어지겠니
뜻과 같이 되지 않아 기도에 젖은
이 마음 님은 아시리
한 세상 열정 쏟아 닦는 수행길
불보살님 출현하셔 베푼 자비에
모든 망상 모든 번뇌 없었으면 좋으련만
마음대로 안 되는 게 수행이더라, 수행이더라

2.
사계절의 풍광인들 위로되겠니
서사시의 음률인들 쉬어지겠니
뜻과 같이 되지 않아 기도에 젖은
이 마음 님은 아시리
청춘의 모든 욕망 사뤄버리고
회광반조 촌각 아낀 열정 쏟아서
이룬 선정 그 효력이 있었으면 좋으련만
마음대로 안 되는 게 보림이더라, 보림이더라

3.
사계절의 풍광인들 위로되겠니
서사시의 음률인들 쉬어지겠니
뜻과 같이 되지 않아 기도에 젖은
이 마음 님은 아시리
억겁의 모든 습성 꺾어보려고
갖은 노력 갖은 인내 온통 쏟아서
세월 잊은 보림 성취 있었으면 좋으련만
마음대로 안 되는 게 성불이더라, 성불이더라

2 부

1.
사계절의 풍광인들 비유되겠니
가릉빈가 음률인들 비교되겠니
뜻과 같이 자유자재 베풀어놓고
한없이 즐기시련만
그러한 대자유의 삶을 접고서
중생들을 구제하려 삼도에 출현
갖은 역경 어려움을 감내하는 자비로써
깨워주는 그 진리에 눈을 뜨거라, 눈을 뜨거라

2.
사계절의 풍광인들 비유되겠니
가릉빈가 음률인들 비교되겠니
뜻과 같이 자유자재 베풀어놓고
한없이 즐기시련만
억겁을 다하여도 끝이 없을 걸
알면서도 해내겠다 나선 님의 길
가시밭길 험난해도 일관하신 그 자비에
구류중생 깨달아서 정토 이루리, 정토 이루리

3.
사계절의 풍광인들 비유되겠니
가릉빈가 음률인들 비교되겠니
뜻과 같이 자유자재 베풀어놓고
한없이 즐기시련만
낙원의 모든 즐김 떨쳐버리고
삼악도를 낙원으로 이뤄놓겠다
촌각 아낀 그 열정에 모두 모두 감화되어
이 땅 위에 님의 소원 이뤄지리라, 이뤄지리라

 선 승

토함산 소나무 위에
달빛도 조는데
단잠을 잊은 채
장승처럼 앉아있는
깊은 밤 선승의
그윽한 눈빛
고요마저 서지
못한 선정이라
대천도 흔적 없고
허공계도 머물 수 없는
수정 같은 광명이여,
화엄의 세계로세

 우리 모두

우리 모두 만난 인생 즐겁게 살자
부딪치는 세상만사 웃으며 하자
인연으로 어우러진 세상사이니
풀어가는 삶이어야 하지 않겠니

몸종 노릇 하는 사이 맘 챙겨 살자
맑고 맑은 가을 허공 그렇게 비워
명상으로 정신세계 사무쳐보자
언젠가는 깨쳐 웃는 그날이 오리

한산 습득 껄껄 웃는 그러한 웃음
웃어가며 모든 일을 대하는 날로
활짝 펼쳐 어우러진 그러한 삶을
우리 모두 발원하며 즐겁게 살자

 ## 사람다운 삶

1.
사람이 사람다운 사람이 되려면
명상으로 비우고 비워서
고요의 극치에 이르러
자신을 발견한 슬기로써
마음을 다스리는 연마 후에
그 능력으로 모두가 살아가야
평화로운 세상이 활짝 열려
모두 함께 누릴 걸세

2.
서로가 다툼 없이 서로를 아껴서
마음으로 베풀고 베푸는
사회로 이루어 간다면
낙원이 멀리만 있는 것이 아니라
살고 있는 이대로가 낙원이란 걸
모두가 실감하는
우리들의 세상이 활짝 열려
모두 함께 누릴 걸세

 ## 사는 목적

우리 모두 행복을 찾아 영원을 찾아
내면 향해 비춰보는 명상으로
앉으나 서나 일을 하나 최선을 다하세
하루의 해가 서산을 붉게 물들이고
합장 기도하여 또 다짐과 맹서의 말
뜻 이루어 이 세상의 빛이 돼서
구류를 생사 고해에서 구제하는 사람으로
영원히 영원히 살 것입니다

 즐거운 마음

1.
우리 모두 선택받은 제자 되어
즐거운 맘 하나 되어 축하합니다
그 무엇을 이룬들 이리 좋으며
황금보석 선물인들 이만하리까
부처님의 가르침만 따르오리다
실천하리라 실천하리라

2.
부처님의 뒤 이을 걸 맹세하며
다짐으로 즐기는 맘 가득합니다
당당하게 행보하는 구세의 역군
혼신 다해 낙원 이룬 이 세계에서
함께 사는 즐거움을 생각하며
노래합니다 노래합니다

 닮으렵니다

관세음보살 관세음보살
지극한 마음으로 닮으려고
오늘도 노력하며 주어진 일을 하면
하루가 훌쩍 가는 줄도 모른다오
관세음 관세음보살
님께서 베푸는 그 넓은 사랑을
이 맘 속에 기르고 길러서
실천하는 그런 장부 되어서
큰 은혜 갚을 겁니다

 바른 삶 1

우리 삶을 두고서 허무하다 누가 말했나
본래 마음이 나 아닌가
그 마음 나를 삼아 살면 되지
지금도 늦지 않네 우리 모두
오늘부터 모두들 마음으로 나를 삼아
길이길이 웃고들 사세

 바른 삶 2

1.
어디어디 어디라 해도
마음 찾아 바로만 살면
그곳 바로 극락이라네
세상분들 귀담아듣고
사람 몸을 가졌을 때에
모든 고비 극복해내서
참선으로 참나를 깨쳐
걸림 없는 해탈의 세상
누려보세 누려들 보세

2.
어두운 곳 태양이 뜨듯
중생계에 불타 출현해
바른 삶으로 인도하셔
복된 날을 기약케 하니
아니아니 좋고 좋은가
이 몸 주인 통쾌히 깨쳐
억겁 업을 말끔히 씻고
걸림 없는 해탈의 세상
누려보세 누려들 보세

정한 일일세

우리네 삶이란 것
풀끝 이슬 아니던가
서로서로 위로하고 아끼면서
우리 모두 착한 삶이
이어져 가노라면
언젠가는 행복한
그날이 우리에게
찾아오는 것 정한 일일세
찾아오는 것 정한 일일세

여기가 낙원

참나 찾아 영원을 향해
한눈 안 팔고 노력하고
가정 위해 사회를 위해
뛰고 뛰고 혼신을 다한
나의 노력 결실이 되어
일상에서 누리는 나날
선 자리가 낙원이 되니
초목들도 어깨 춤추고
산새들도 축하를 하네

도서출판 문젠(Moonzen Press)의 책들

출간 도서

바로보인 전등록 전 5권
바로보인 무문관
바로보인 벽암록
바로보인 천부경·교화경·치화경
바로보인 금강경
세월을 북채로 세상을 북삼아
영원한 현실
바로보인 신심명
바로보인 환단고기 전 5권
바로보인 선문염송 전 30권
앞뜰에 국화꽃 곱고 북산에 첫눈 희다
바로보인 증도가
바로보인 반야심경
선을 묻는 그대에게 1·2
바로보인 선가귀감
바로보인 법융선사 심명
주머니 속의 심경
바로보인 법성게
달다 -전강 대선사 법어집
기우목동가
초발심자경문
방거사어록
실증설

하택신회대사 현종기
불조정맥 - 한·영·중 3개국어판
바른 불자가 됩시다
누구나 궁금한 33가지
108진참회문 - 한·영·중 3개국어판
달마의 일할도 허락지 않는다
마음대로 앉아 죽고 서서 죽고
화두 3개국어판 - 한·영·중
바로보인 간당론
완전한 우리말 불공예식법
바로보인 유마경
실증설 5개국어판 - 한·영·불·서·중
누구나 궁금한 33가지 3개국어판
 - 한·영·중
달마의 일할도 허락지 않는다
3개국어판 - 한·영·중
법성게 3개국어판 - 한·영·중
정법의 원류
바로보인 도가귀감
바로보인 유가귀감
화엄경 81권
바로보인 전등록 전 30권

출간예정 도서

바로보인 능엄경 제6권
바로보인 원각경
바로보인 육조단경
바로보인 대전화상주 심경
바로보인 위앙록
해동전등록 전 10권
말 밖의 말
언어의 향기
농선 대원 선사 선송집

진리와 과학의 만남
바로보인 5대 종교
금강경 야부송과 대원선사 토끼뿔
선재동자 참알 오십삼선지식
경봉선사 혜암선사 법을 들어 설하다
십현담 주해
불교대전
태고보우선사 어록

1. 바로보인 전등록 (전30권을 5권으로)

7불과 역대 조사의 말씀이 1,700공안으로 집대성되어 있는 선종 최고의 고전으로, 깨달음의 정수가 살아 숨쉬도록 새롭게 번역되었다.
464, 464, 472, 448, 432쪽.
각권 18,000원

2. 바로보인 무문관

황룡 무문 혜개 선사가 저술한 공안집으로 전등록, 선문염송, 벽암록 등과 함께 손꼽히는 선문의 명저이다. 본칙 48개와 무문 선사의 평창과 송, 여기에 역저자인 대원선사의 도움말과 시송으로 생명과 같은 선문의 진수를 맛보여 주고 있다.
272쪽. 12,000원

3. 바로보인 벽암록

설두 선사의 설두송고를 원오 극근 선사가 수행자에게 제창한 것이 벽암록이다.
이 책은 본칙과 설두 선사의 송, 대원선사의 도움말과 시송으로 이루어져, 벽암록을 오늘에 맞게 바로 보이고 있다.
456쪽. 15,000원

4. 바로보인 천부경

우리 민족 최고(最古)의 경전 천부경을 깨달음의 책으로 새롭게 바로 보였다. 이 책에는 81권의 화엄경을 81자에 함축한 듯한 천부경과, 교화경, 치화경의 내용이 함께 담겨 있으며, 역저자인 대원선사가 도움말, 토끼뿔, 거북털 등으로 손쉽게 닦아 증득하는 문을 열어놓고 있다.
432쪽. 15,000원

5. 바로보인 금강경

대원선사의 『바로보인 금강경』은 국내 최초로 독창적인 과목을 내어 부처님과 수보리 존자의 대화 이면의 숨은 뜻을 드러내고, 자문과 시송으로 본문의 핵심을 꿰뚫어 밝혀, 금강경 전체를 손바닥 안의 겨자씨를 보듯 설파하고 있다.
488쪽. 15,000원

6. 세월을 북채로 세상을 북삼아

대원선사의 선시가 담긴 선시화집 『세월을 북채로 세상을 북삼아』는 선과 시와 그림이 정상에서 만나 어우러진 한바탕이다.
선의 세계를 누리는 불가사의한 일상의 노래, 법열의 환희로 취한 어깨춤과 같은 선시가 생생하고 눈부시게 내면의 소리로 흐른다.
180쪽. 15,000원

7. 영원한 현실

애매모호한 구석이 없이 밝고 명쾌하여, 너무도 분명함에 오히려 그 깊이를 헤아리기 어려운, 대원선사의 주옥같은 법문을 모아 놓은 법문집이다.
400쪽. 15,000원

8. 바로보인 신심명

신심명은 양끝을 들어 양끝을 쓸어버리는, 40대치법으로 이루어진, 3조 승찬 대사의 게송이다. 이를 대원선사가 바로 번역하는 것은 물론, 주해, 게송, 법문을 더해 통쾌하게 회통하고 자유자재 농한 것이 이 『바로보인 신심명』이다.
296쪽. 10,000원

9. 바로보인 환단고기 (전5권)

『바로보인 환단고기』 1권은 민족정신의 정수인 환단고기의 진리를 총정리하여 출간하였다. 2권에는 역사총론과 태초에서 배달국까지 역사가 실려 있으며, 3권은 단군조선, 4권은 북부여에서부터 고려까지의 역사가 실려 있다. 5권에는 역사를 증명하는 부록과 함께 환단고기 원문을 실었다. 344、368、264、352、344쪽.
각권 12,000원

10. 바로보인 선문염송(전30권)

선문염송은 세계최대의 공안집이다. 전 공안을 망라하다시피 했기에 불조의 법 쓰는 바를 손바닥 들여다보듯 하지 않고는 제대로 번역할 수 없다. 대원선사는 전 공안을 바로 참구할 수 있게끔 번역하고 각 칙마다 일러보였.
352 368 344 352 360 360 400 440 376 392 384 428 410 380 368 434 400 404 406 440 424 460 472 456 504 528 488 488 480 512쪽 각권 15,000원

11. 앞뜰에 국화꽃 곱고 북산에 첫눈 희다

대원선사의 선문답집으로 전강・경봉・숭산・묵산 선사와의 명쾌한 문답을 실었으며, 중앙일보의 〈한국불교의 큰스님 선문답〉 열 분의 기사와 기자의 질문에 대한 대원선사의 별답을 함께 실었다.
200쪽. 5,000원

12. 바로보인 증도가

선종사에 사라지지 않을 발자취로 남은 영가 선사의 증도가를 대원선사가 번역하고 법문과 송을 더하였다.
자비의 방편인 증도가의 말씀을 하나하나 쳐가는 선사의 일갈이야말로 영가 선사의 본 의중과 일치하여 부합하는 것이라 아니할 수 없다.
376쪽. 10,000원

13. 바로보인 반야심경
이 시대의 야부(冶父)선사, 대원선사가 최초로 반야심경에 과목을 붙여 반야심경 내면에 흐르는 뜻을 밀밀하게 밝혀놓고 거침없는 송으로 들어보였다.
264쪽. 10,000원

14. 선(禪)을 묻는 그대에게 (전10권 중 2권)
대원선사의 선수행에 대한 문답집.
깨달아 사무친 경지에 대한 밀밀한 점검과, 오후보림에 대한 구체적인 수행법 제시와, 최초의 무명과 우주생성의 원리까지 낱낱이 설한 법문이 담겨 있다.
 280쪽, 272쪽. 각권 15,000원

15. 바로보인 선가귀감
선가귀감은 깨닫고 닦아가는 비법이 고스란히 전수되어 있는 선가의 거울이라 할 만하다. 더욱이 바로보인 선가귀감은 매 소절마다 대원선사의 시송이 화살을 과녁에 적중시키듯 역대 조사와 서산대사의 의중을 꿰뚫어 보석처럼 빛나고 있다.
 352쪽. 15,000원

16. 바로보인 법융선사 심명
심명 99절의 한 소절, 한 소절이 이름 그대로 마음에 새겨두어야 할 자비광명들이다.
이 심명은 언어와 문자이면서 언어와 문자를 초월한 일상을 영위하게 하는 주옥같은 법문이다.
 278쪽. 12,000원

17. 주머니 속의 심경

반야심경은 부처님이 설하신 경 중에서도 절제된 경으로 으뜸가는 경이다. 대원선사의 선송(禪頌)도 그 뜻을 따라 간략하나 선의 풍미를 한껏 담고 있다. 하루에 한 소절씩을 읽고 참구한다면 선 수행의 지름길이 될 것이다.
 84쪽. 5,000원

18. 바로보인 법성게

법성게는 한마디로 화엄경의 핵심부를 온통 훤출히 드러내놓은 게송이다. 짧은 글 속에 일체의 법을 이렇게 통렬하게 담아놓은 법문도 드물 것이다.
이렇게 함축된 법성게 법문을 대원선사가 속속들이 밀밀하게 설해놓았다.
176쪽. 10,000원

19. 달다 – 전강 대선사 법어집

이제는 전설이 된 한국 근대선의 거목인 전강 선사님의 최상승법과 예리한 지혜, 선기로 넘쳤던 삶이 생생하게 담겨 있는 전강 대선사 법어집〈달다〉!
전강 대선사님의 인가 제자인 대원선사가 전강 대선사님의 법거량과 법문, 일화를 재조명하여 보였다.
368쪽. 15,000원

20. 기우목동가

그 뜻이 심오하여 번역하기 어려웠던 말계 지은 선사의 기우목동가!
대원선사가 바른 뜻이 드러나도록 번역하고, 간결한 결문과 주옥같은 선송으로 다시 보였다.
 146쪽. 10,000원

21. 초발심자경문

이 초발심자경문은 한문을 새기는 힘인 문리를 터득하게 하기 위하여 일부러 의역하지 않고 직역하였다. 대원선사의 살아있는 수행지침도 실려 있다.
266쪽. 10,000원

22. 방거사어록

방거사어록은 선의 일상, 선의 누림을 보여주는 대표적인 선문이다. 역저자인 대원선사는 방거사어록의 문답을 '본연의 바탕에서 꽃피우는 일상의 함'이라 말하고 있다. 법의 흔적마저 없는 문답의 경지를 온전하게 드러내 놓은 번역과, 방거사와 호흡을 함께 하는 듯한 '토끼뿔'이 실려 있다.
306쪽. 15,000원

23. 실증설

이 책은 대원선사가 2010년 2월 14일 구정을 맞이하여 불자들에게 불법의 참뜻을 보이기 위해 홀연히 펜을 들어 일시에 써내려간 법문을 모태로 하였다. 실증한 이가 아니고는 설파할 수 없는 성품의 이치를 자문자답과 사제간의 문답을 통해 1, 2, 3부로 나눠 실증하여 보이고 있다.
224쪽. 10,000원

24. 하택신회대사 현종기

육조대사의 법이 중국천하에 우뚝하도록 한 장본인, 하택신회대사의 현종기. 세간에 지해종도(知解宗徒)로 알려져 있는 편견을 불식시키는 뛰어난 깨달음의 경지가 여기에 담겨있다. 대원선사가 하택신회대사의 실경지를 드러내고 바로보임으로써 빛냈다.
232쪽. 10,000원

25. 불조정맥 - 韓·英·中 3개국어판

석가모니불로부터 현 78대에 이르기까지 불조정맥진영(佛祖正脈眞影)과 정맥전법게(正脈傳法偈)를 온전하게 갖춘 최초의 불조정맥서. 대원선사가 다년간 수집, 정리하여 기도와 관조 끝에 완성한 『불조정맥』을 3개국어로 완역하였다.
216쪽. 20,000원

26. 바른 불자가 됩시다

참된 발심을 하여 바른 신앙, 바른 수행을 하고자 해도, 그 기준을 알지 못해 방황하는 불자님들을 위해 불법의 바른 길잡이 역할을 하도록 대원선사가 집필하여 출간하였다.
162쪽. 10,000원

27. 누구나 궁금한 33가지

21세기의 인류를 위해 모든 이들이 가장 어렵고 궁금해 하는 문제, 삶과 죽음, 종교와 진리에 대한 바른 지표를 제시하고자 대원선사가 집필하여 출간하였다.
180쪽. 10,000원

28. 108진참회문 - 韓·英·中 3개국어판

전생의 모든 악연들이 사라져 장애가 없어지고, 소망하는 삶을 살게 하기 위해 대원선사가 10계를 위주로 구성한 108 항목의 참회문이다. 한 대목마다 1배를 하여 108배를 실천할 것을 권한다.
170쪽. 15,000원

29. 달마의 일할도 허락지 않는다

대원선사의 짧고 명쾌한 법문집.
책을 잡는 순간 달마의 일할도 허락지 않는 선기와 맞닥뜨리게 될 것이다. 때로는 하늘을 찌를 듯한 기세와, 때로는 흔적 없는 공기와도 같은 향기를 일별하기를…
190쪽. 10,000원

30. 마음대로 앉아 죽고 서서 죽고

생사를 자재한 분들의 앉아서 열반하고 서서 열반한 내력은 물론 그분들의 생애와 법까지 일목요연하게 수록해놓았다.
446쪽. 15,000원

31. 화두 3개국어판 – 韓·英·中

『화두』는 대원선사의 평생 선문답의 결정판이다. 생생하게 살아있는 선(禪)을 한·영·중 3개국어로 만날 수 있다. 특히 대원선사의 짧은 일대기가 실려 있어 그 선풍을 음미하는 데에 큰 도움을 주고 있다.
440쪽. 15,000원

32. 바로보인 간당론

법문하는 이가 법리를 모르고 주장자를 치는 것을 눈먼 주장자라 한다. 법좌에 올라 주장자 쓰는 이들을 위해서 대원선사가 간당론에서 선리(禪理)만을 취하여 『바로보인 간당론』을 출간하였다.
218쪽. 20,000원

33. 완전한 우리말 불공예식법

부처님께 공양을 올리고 불보살님의 가피를 구하는 예법 등을 총칭하여 불공예식법이라 한다. 대원선사가 이러한 불공예식의 본뜻을 살려서 완전한 우리말본 불공예식법을 출간하였다.
456쪽. 38,000원

34. 바로보인 유마경

유마경은 불법의 최정점을 찍는 경전이라 할 것이니, 불보살님이 교화하는 경지에서의 깨달음의 실경과 신통자재한 방편행을 보여주는 최상승 경전이다. 대원선사가 〈대원선사 토끼뿔〉로 이 유마경에 걸맞는 최상승법을 이 시대에 다시금 드날렸다.
568쪽. 20,000원

35. 실증설
5개국어판 – 韓·英·佛·西·中

대원선사가 불법의 참뜻을 보이기 위해 홀연히 펜을 들어 일시에 써내려간 실증설! 실증한 이가 아니고는 설파할 수 없는 도리로 가득한 이 책이 드디어 영어, 불어, 스페인어, 중국어를 더하여 5개국어로 편찬되었다.
860쪽. 25,000원

36. 누구나 궁금한 33가지

누구라도 풀어야 할 숙제인 33가지의 의문에 대한 답을 21세기의 현대인에게 맞는 비유와 언어로 되살린 『누구나 궁금한 33가지』가 한글, 영어, 중국어 3개국어로 출간되었다.
408쪽. 15,000원

37. 달마의 일할도 허락지 않는다
3개국어판 – 韓・英・中

대원선사의 짧고 명쾌한 법문집인 『달마의 일할도 허락지 않는다』가 한글, 영어, 중국어 3개국어로 출간되었다. 전세계에서 유일하게 활선의 가풍이 이어지고 있는 한국, 그 가운데에서도 불조의 정맥을 이은 대원선사가 살활자재한 법문을 세계로 전하고 있는 책이다.
308쪽. 15,000원

38. 화엄경 (전81권)

대원선사는 선문염송 30권, 전등록 30권을 모두 역해하여 세계 최초로 1,463칙 전 공안에 착어하였다. 이러한 안목으로 대천세계를 손바닥의 겨자씨 들여다보듯 하신 불보살님들의 지혜와 신통으로 누리는 불가사의한 화엄세계를 열어 보였다.
220쪽. 각권 15,000원

39. 법성게 3개국어판 – 韓・英・中

법성게는 한마디로 화엄경의 핵심부를 훤출히 드러내 놓은 게송으로 짧은 글 속에 일체 법을 고스란히 담아 놓았다. 대원선사의 통쾌한 법성게 법문이 한영중 3개국어로 출간되었다.
376쪽. 15,000원

40. 정법의 원류

『정법의 원류』는 불조정맥을 이은 정맥선원의 소개서이다. 정맥선원은 불조정맥 제77조 조계종 전강 대선사의 인가 제자인 대원 전법선사가 주재하는 도량이다. 『정법의 원류』를 통해 정맥선원 대원선사의 정맥을 이은 법과 지도방편을 만날 수 있다.
444쪽. 20,000원

41. 바로보인 도가귀감

도가귀감은, 온통인 마음[一物]을 밝혀 회복함으로써, 생사를 비롯한 모든 아픔과 고를 여의어, 뜻과 같이 누려서 살게 하고자 한 도교의 뜻을, 서산대사가 밝혀놓은 책이다. 대원선사가 부록으로 도덕경의 중대한 대목을 더하고, 그 대목대목마다 결문(決文)하였다.
218쪽. 12,000원

42. 바로보인 유가귀감

유가귀감은 서산대사가 간추려놓은 구절로서, 간결하지만 심오하기 그지없으니, 간략한 구절 속에서 유교사상을 미루어볼 수 있게 하였다. 대원선사가 그 뜻이 잘 드러나게 번역하고 그 대목대목마다 결문(決文)하였다.
236쪽. 15,000원

43. 바로보인 전등록 (전30권)

7불로부터 52세대까지 1,701명 선지식의 깨달음의 진수가 담긴 전등록 30권에 농선 대원 선사가 선리(禪理)의 토끼뿔을 더해 닦아 증득하는데 도움이 되도록 하였다.
288쪽. 각권 15,000원

농선 대원 선사 법문 mp3 주문 판매

* 천부경 : 15,000원
* 신심명 : 30,000원
* 현종기 : 65,000원
* 기우목동가 : 75,000원
* 반야심경 : 1회당 5,000원 (총 32회)
* 선가귀감 : 1회당 5,000원 (총 80회)
* 금강경 : 40,000원
* 법성게 : 10,000원
* 법융선사 심명 : 100,000원

농선 대원 선사 작사 CD 주문 판매

* 가슴으로 부르는 불심의 노래 1,2,3집
  각 : 1만 5천원
* 유튜브에서 채널 구독하시고 무료로 찬불가 앨범을 감상하세요

주문 문의 ☎ 031-534-3373

정맥선원

http://www.youtube.com/user/officialMOONZEN

농선 대원 선사의 금강경

https://www.youtube,com/watch?v=TsVmbasITxA